OHMAE KENICHI　RECURRENT EDUCATION

大前研一
稼ぐ力をつける
「リカレント教育」

誰にも頼れない時代に
就職してから
学び直すべき4つの力

プレジデント社

まえがき

二〇一八年頃から「リカレント教育」という言葉をようやく日本でも耳にするようになった。リカレント教育とは、基礎学習を終えた社会人が、自身のキャリアのために一〇年ごとなどに学び直しを繰り返し行うことである。日本ではまだこの存在自体を知らない人も多いが、国際的には昔から知られていたものだ。

リカレント教育が注目されたのは、一九六九年にフランスのベルサイユで開催された第六回ヨーロッパ文部大臣会議である。当時スウェーデンの文部大臣であったオロフ・パルメ氏（のちに首相）が同教育についてスピーチで触れたのがきっかけだ。

このスピーチを機に、リカレント教育は各国に普及していった。特に北欧諸国が国をあげてこの教育を戦略的に展開したことで、北欧企業のグローバルな競争力の源泉となったが、残念ながら日本ではムーブメントを起こすことはできなかった。

日本では、カルチャーセンターなどで文学や歴史を学ぶといった生涯学習が広く行われているが、あくまでも個人の興味の充足を目的としていて、〝稼ぐ力〟をつけさせるものではない。国際的な競争力を失いつつある今の日本にとって、生涯教育よりむしろリカレント教育に目を向ける必要がある。

私は何十年も前からリカレント教育の必要性を講演や書籍で訴えてきた。そのために働きながら、学べる起業家養成学校であるアタッカーズ・ビジネススクール（ＡＢＳ）、大学、大学院、経営塾などを展開してきた。これらはいずれも世界中どこにいても、学べるようにサイバー受講が可能になるように設計されている。日本政府が今頃になってその重要性に気がついたことを、「遅すぎる」と個人的には感じているが、それでもこれからのやり方次第ではかなりよくなると期待している。

なぜ、リカレント教育に本気で取り組まなくてはいけないのか。これを理解するためには、今、日本が置かれている経済状況の激的な変化を理解しなくてはならない。

二〇世紀の日本社会は、大学などで高等教育を受ければ生涯働き続けることができた。「教育」「勤労」「引退」の三つのフェーズを経験すれば事足りる「単線型」のライフモデルだ。

社会人になって学ぶべき知識は、会社が研修やＯＪＴで与えてくれたので、受動的な姿勢でも何とか定年までやっていけた。しかも、手厚い退職金や社会保障を受けることができたため、積極的に学び直しを行わなくても、老後も安泰だったのだ。

しかし、今はそうはいかない。社会全体の急速なデジタル化により、産業構造そのものに破壊的な変革が加速して起こる、いわゆる「デジタル・ディスラプションの時代」に突入したからだ。

社会全体のデジタル化により既存の産業が破壊される時代においては、大学や大学院で学んだ知識であったとしても一瞬で陳腐化してしまう。それだけで定年まで乗り切ろうとする発想では生き残れない。老後の生活費が公的年金だけでは不足することを考えると、生涯にわたり稼ぎ続けることができる力を、誰もが身につけなくてはならない時代になったといえる。

そこで必要となるのが、「仕事」と「学び」を何度も繰り返す「マルチステージ型」のライフモデルだ。個人が自律的に学ぶだけでなく、そこで得た知識を周囲と分かち合う能動的な姿勢が求められる。このようなダイナミックな時代の変化を、ビジネスパーソンだけでなく企業経営者も頭に入れておく必要がある。二〇世紀の経営資源は「ヒト、モノ、カネ」だったが、二一世紀の企業に必要なのは、「ヒト、ヒト、ヒト」。モノやカネがコモディティ化し質の高い人材を確保することこそが最も重要な経営戦略になる。

このように二一世紀は、たった一人の個人がブレークスルーを起こすことが可能な時代である。企業にとってはより多くのエクセレント・パーソン（傑出した個人）を獲得できるか、個人にとってはエクセレント・パーソンになれるかどうかが生き残るためのカギとなる。

ところが、現状の教育システムは、相変わらず二〇世紀型の答えを教える方法を踏襲していて、答えのない時代にはほとんど役に立たない。二一世紀型の人材観を軸とした教育方針や企業の人材戦略に変えなければ、企業も個人も滅びてしまう。

本書では、日本が置かれた危機的な状況を説明し、最先端のリカレント教育を推し進める事例を紹介しながら、日本がこれらをどのようにこれを取り入れて深化させていくべきかを考えたいと思う。答えのない時代に求められるのは、自ら答えを見つけ突破力をつけることだ。政府や企業、そして二一世紀を生きる個人にとって本書が一助になれば幸いである。

令和元年GW信州にて　大前研一

第2章

デジタル時代に不可欠な「リカレント教育」 33

第3章 「リカレント教育」で日本の教育は変わる 55

第4章 北欧、ドイツの「リカレント教育」先進国から学べ 83

第5章 「リカレント教育」で構想力を育てよ

第1章

日本政府がリカレント教育に目をつけた理由（図1）

二〇一七年一一月、安倍晋三首相は首相官邸で開かれた「人生一〇〇年時代構想会議」の席上で、「人生一〇〇年時代を見据え、その鍵であるリカレント教育の拡充を検討する」と宣言した。

これを聞き私は、「政府もついに分かってくれたか」と感慨深かった。一九九八年にビジネス・ブレークスルー（ＢＢＴ）を創業後、一貫してリカレント教育の必要性を説きＢＢＴ大学などでビジネスパーソンに対する実践教育を行ってきたからだ。

ところが、政府の方針を読むと、私が意図するリカレント教育とはかなり異なることに気づいた。私がリカレント教育を若年層から「生涯にわたり」行うべきと考えているのに対し、政府は六〇歳前後の人の再教育にのみ重きを置いているからだ。

年金の受給開始時期の繰り下げや受給額の減額を見越してのことだろう。定年後年金が受給されるまでだけ若干稼げる力をつけさせることが、日本政府がリカレント教育に力を入れる本当の理由なのだ。

これは、安倍首相が自ら議長を務める未来投資会議の席上で、「七〇歳までの就業機会を確保する」と言及したこととも一致する。さらに、安倍首相は六五歳までの継続雇用を企業に義

図1　社会人が就労に活かすために学び直すことが「リカレント教育」

なぜリカレント教育が必要なのか？

●政府のリカレント教育施策は定年退職後の再就職や失業対策が主眼である
●従来の人材開発のスピードが時代の変化に追いついておらず、人材のニーズとアベイラビリティのギャップが大きい

●シンギュラリティに打ち勝ち、デジタル・ディスラプションに打ち勝たなければ生き残れない
●時代に淘汰されない「稼ぐ力」を身につけることが重要

21世紀現在の国別教育状況

日本	●明治以降の工業化時代の人材育成方針のまま ●シンギュラリティに対して、日本はどういう人材を養成すべきか、文科省は手も足も出ない ●このままでは21世紀中には確実に「劣等世界市民」になる
北欧	●答えのない社会でどういうリーダーシップをふるうのか、仮説、立証、実現 ●教育を英語化。欧州中から生徒が訪れる ●世界のどこでも活躍できる人材を育成
米国	●世界最先端の研究者や人材が米国の高等教育機関（大学）に集まりエコシステムを形成している ●転職すると給料やポジションが上昇するため、個人の学び直しに対する意欲が旺盛
中国	●首長が教育方針を決めると、どこまでもできる ●中欧国際工商学院（MBAの大学）などが国中に存在 ●欧米の教授が英語で授業し自由に教えている ●AI論文数では米国と競う

出所：BBT大学総合研究所

務づける制度を残しながら、六五歳以上の「シニア転職」を増やすとも述べている（二〇一八年一〇月二三日付「日本経済新聞」）。

現行の年金制度では、受給開始年齢は六五歳に設定されている。そのため六〇歳で定年退職を迎えるとなると、その後の五年間新たな仕事を見つけなければ、退職金や預貯金を食いつぶすしかない。定年後、生活費を月一五万円に抑えたとしても受給開始年齢の六五歳までの五年間で九〇〇万円必要になる。

ところが、政府は公的年金の受給開始年齢を「七五歳」まで引き上げようとしている（二〇一四年、当時の田村憲久厚生労働相が、受給開始を選ぶことができる年齢の上限を七五歳程度まで引き上げることを検討すると述べた）。

二〇一七年一〇月には内閣府の有識者検討会が、受給開始選択年齢を七〇歳以降にできる仕組みづくりを求める報告書をまとめた。さらに政府は六五歳まで働けるように企業に義務づけ、二〇一九年以降「高年齢者雇用安定法」を改正するなど、七〇歳まで働けるようにしたいという考えがあるようだ。

こうした年金制度の変更について、政府は「各自が選べる（つまり任意）」と主張するが、いずれ法案化され全国民に適用してきたのがこれまでの政府の常套手段である。現役世代の人は、年金の受給開始年齢が七五歳まで引き上げられることが当然起きうることだと頭の片隅に置いておく必要がある。

今後、受給開始年齢が七五歳まで引き上げられた場合、生活費が月一五万円として六五歳からの一〇年間で一八〇〇万円が必要となる。このままでは、ほとんどの人が年金の受給開始までの時期を乗り切ることができないだろう。

これからの時代は、六〇歳から七五歳の「魔の一五年」を乗り切り、生涯にわたって豊かに生き続けるためにも、国民一人一人が「稼ぐ力」を身につけるしかない。そのためには若い頃から意識してリカレント教育に積極的に取り組む必要がある。日本政府は年金の受給開始年齢を七五歳まで引き上げたいのであれば、もっと若い層からのリカレント教育に本気で取り組むべきだ。

「生涯現役」を前提とした学ぶ姿勢（図２）

政府の「人生一〇〇年時代構想会議」のメンバーには、『ＬＩＦＥ　ＳＨＩＦＴ（ライフ・シフト）――１００年時代の人生戦略』（東洋経済新報社）の著者であるロンドンビジネススクールのリンダ・グラットン教授も加わっている。彼女は「人生一〇〇年時代」の言葉が日本で認知されるきっかけとなった人だ。

同書には、世界的に進む長寿化を踏まえ、仕事やライフスタイルをマルチステージ型で構築

図2　人生100年時代の到来により、人生がマルチステージ型にシフトしつつあり「学び直し」が重要になっている

2007年生まれの子どもの半数が到達する年齢

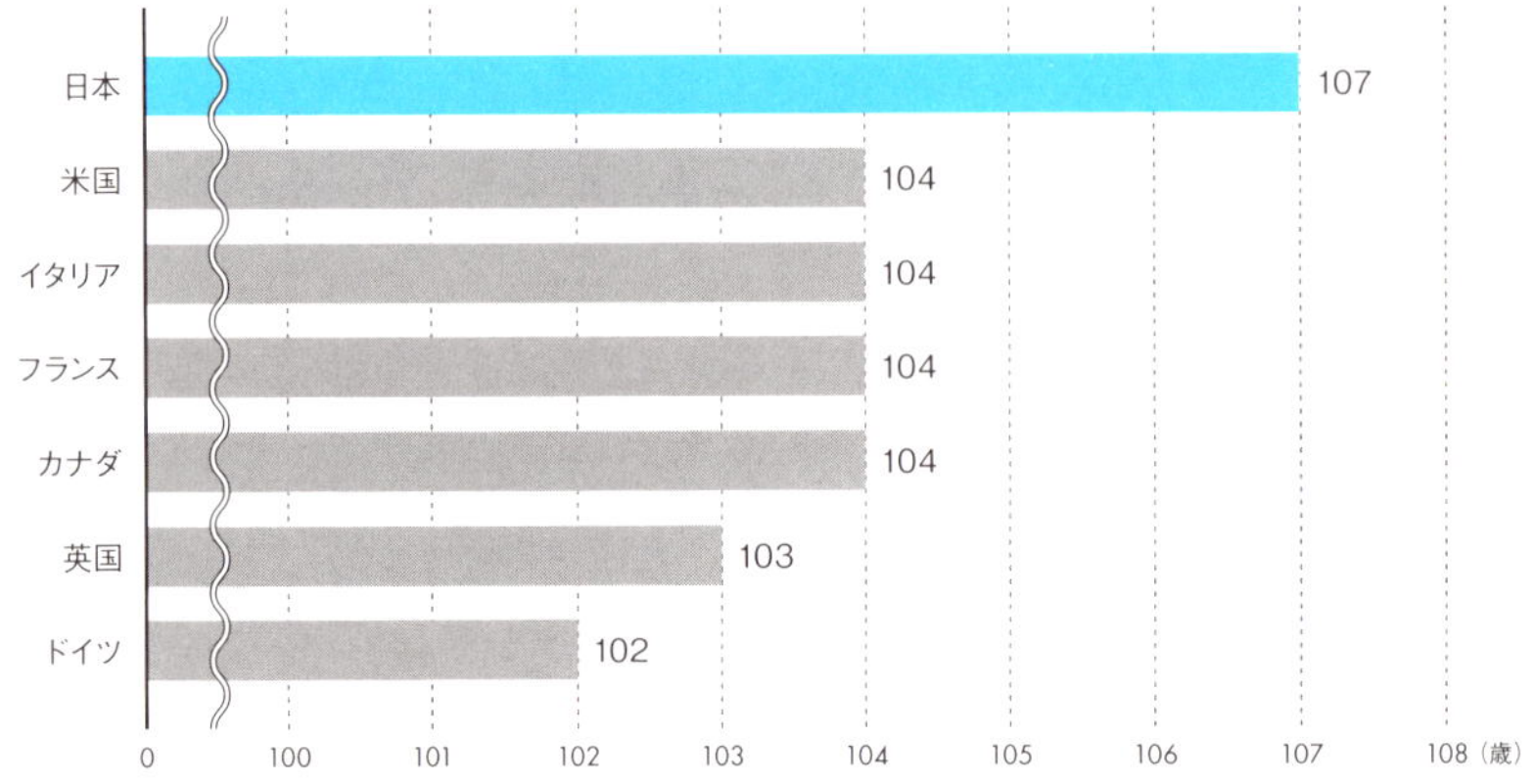

単線型からマルチステージ型にシフトする人生

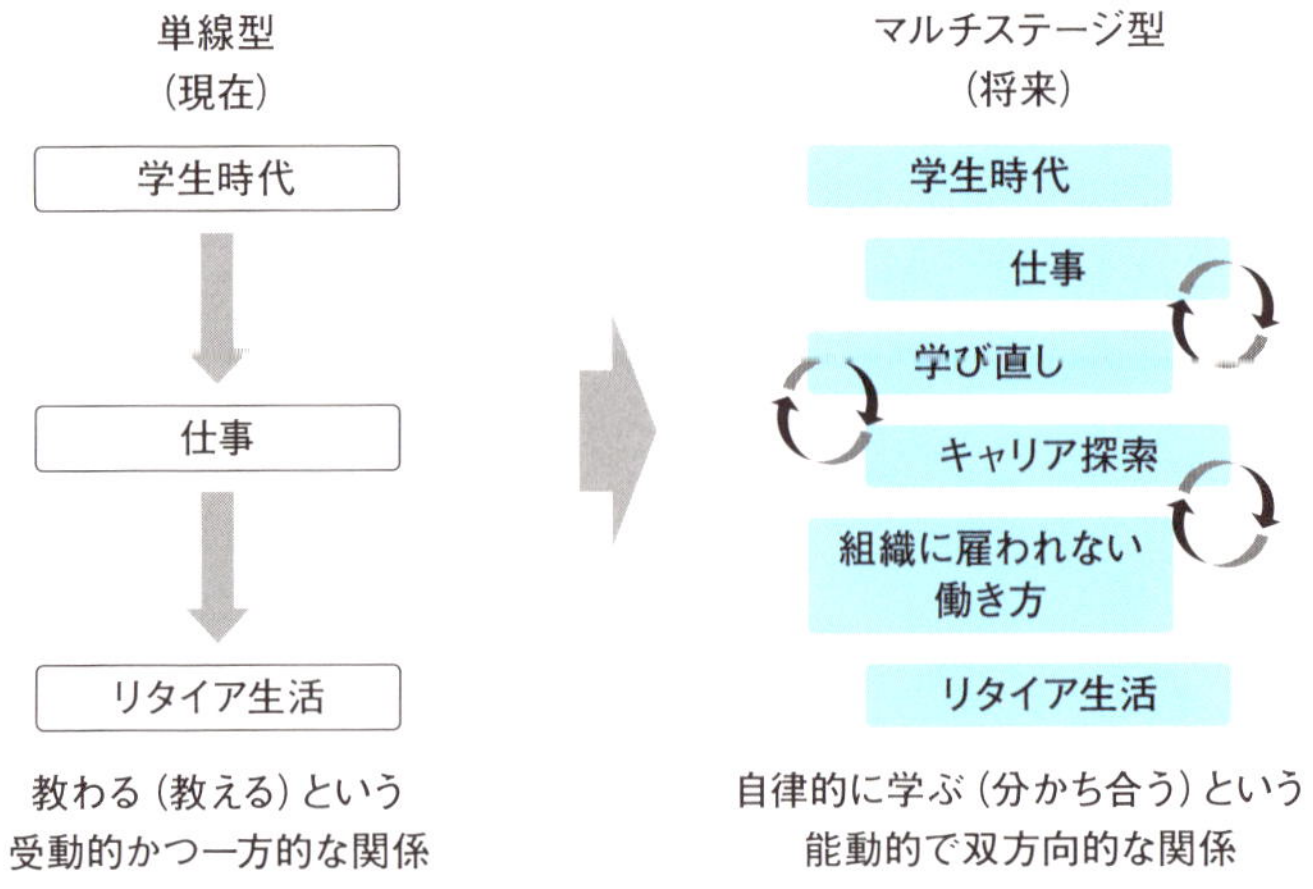

出所：Human Mortality Database ,University of California Berkeley、リンダ・グラットン『LIFE SHIFT 100年時代の人生戦略』ほかより作成

する上での考え方などが書かれているが、これは私がリカレント教育を必要と考える理由とも符合する。

しかし、日本政府としてはグラットン氏を会議のメンバーに引き入れてみたが、目の前に迫る年金問題の方に関心を持っているのが本音だろう。

これでは、リカレント教育の本来の趣旨と離れてしまうが、日本政府がそういった考えに至るのも分からなくもない。日本の年金制度はほぼ限界を迎え、老後問題は年々ますます深刻になっていくことが予想されるからだ。

年金制度がスタートした一九六〇年代は、一人の高齢者を一一人の現役世代（二〇～六四歳）が支えていたが、今は一人の高齢者を二人の労働者が支えている状態である。今後さらに年金受給者が増えていけば、現在の年金制度を維持できるはずがない。

デモグラフィー（人口動態）を見ると、二〇〇七年生まれの日本人の半数が一〇七歳に達すると予想される。二〇世紀の日本人の平均寿命が八〇歳程度だったことからすると、定年退職後の余命は今の倍程度になる計算だ。

人生八〇年時代であれば、六〇歳で定年を迎え退職金と年金だけで残りの二〇年間を生きることは可能だった。日本の社会保障や企業の人事制度もそういった前提で設計され、個人もそれを信じてライフプランを描いてきた。だが間もなくこうした考え方は通用しなくなる。

二一世紀型のライフモデルにシフトするためには、「生涯現役」を前提とする必要がある。

六〇歳を過ぎても働くのが当たり前であり、死ぬまで国に頼らずに自分の面倒は自分で見るというマインドセットや、そのために必要なスキルを個々人が身につける必要がある。

しかし、六〇歳前後の人を急いで再教育したところで、激しい時代の変化に対応することは難しく、せいぜい勤務先に再雇用され簡単な事務作業などに従事するのが、関の山だろう。

日本のビジネスパーソンには、五〇歳を過ぎるとゴール間際のような感覚に陥り向上心を失ってしまう人が少なからずいる。特に出世コースから外れた人は、新しいことにチャレンジすることもなく、「給料が高い割に生産性が低い」と会社のお荷物になってしまっていることも多い。

だが、そういった後ろ向きの生き方は、今後通用しない。たとえ会社のコア人材に選ばれなくても、定年退職後に活躍する方法はいくらでもある。向上心を失い組織の中で停滞してしまうことは、個人にとって単なる自殺行為でしかないのだ。

政府や企業はライフステージの全ての段階に対応したリカレント教育の仕組みを構築し、個人は生涯学ぶ姿勢を身につけることが、二一世紀に生き残るために不可欠なものになるだろう。

低欲望社会化が進めば、日本は没落国家になる

私は、経済成長が頭打ちになり、消費行動が極端に萎縮した今の日本社会の状況を「低欲望

社会」と名づけた。

安倍政権は景気が持ち直したと喧伝しているが、相変わらずデフレは解消できておらず、日銀が掲げたインフレ目標である物価上昇率二％も達成できていない。六度の見送り後、二〇一九年度中の目標達成を目指していたが、いつの間にか目標時期が削除されるなど、事実上ギブアップした形だ。

物価が上がらず、給料が増える期待感もゼロと低欲望社会が進行する日本だが、「人生一〇〇年時代」の言葉が浸透するにつれ、この傾向がますます強くなってきた感さえある。

日本の個人金融資産は一八〇〇兆円に達し、その大半を時間的にゆとりのある高齢者が所有しているにもかかわらず、需要は一向に伸びない。重い病気になるかもしれない、年金だけでは生活できなくなるかもしれない、といった不安から大半の高齢者が消費を節約し、貯蓄に励んでいるからだ。「いざというとき」のためにといっても、永久に預貯金を使う機会は訪れないだろう。

高齢者がお金を使わないのは、「公的年金だけでは豊かな老後を送ることができない」という認識が定着しているからだ。

高齢者はお金を使いたくないわけではない。老後の楽しみに趣味やレジャーなどを考えていた人も少なくないはずだが、「人生八〇年」を想定してライフプランを描いてきた彼らにとって、人生一〇〇年と突然言われたインパクトは強烈なのだろう。

六〇歳で定年退職をすれば退職金と年金で八〇歳まで悠々自適と思いきや、プラス二〇年も生きなくてはならなくなったからだ。人生一〇〇年だとすると六〇歳で定年を迎えても、夫婦合わせるとさらに全サラリーマン生活時代と同じ四〇年間の二人分の生活費が必要になる。これでは貯蓄リッチな高齢者にお金を使ってもらうことを期待するのは難しいだろう。

私は、自分の人生を生涯にわたり輝かせるための提言を『50代からの「稼ぐ力」』(小学館)に書いた。この本にもあるように、「稼ぐ力」こそが一番の「蓄え」になる。そういった考え方が世の中に根づき、個々人が主体的に稼ぐ力を身につけることができれば、生活をエンジョイしてハッピーな状態で人生を終えることができる。

低欲望社会は日本人が望んで手にしたものではない。誰もが人生の最期の瞬間まで笑っていられるためにも、生涯にわたるリカレント教育を本気で考えるべきときに来ている。

キャリア全体にわたってなされるもの (図3)

リカレント教育はいつ始めてもいいが、できれば四〇代以前に始め、稼ぐ力を身につけておくことが望ましい。そのためには、リカレント教育を二五歳から一〇年ごとに受ける仕組みづくりの構築が必要になる。

図3　リカレント教育と学校教育、生涯学習の違い

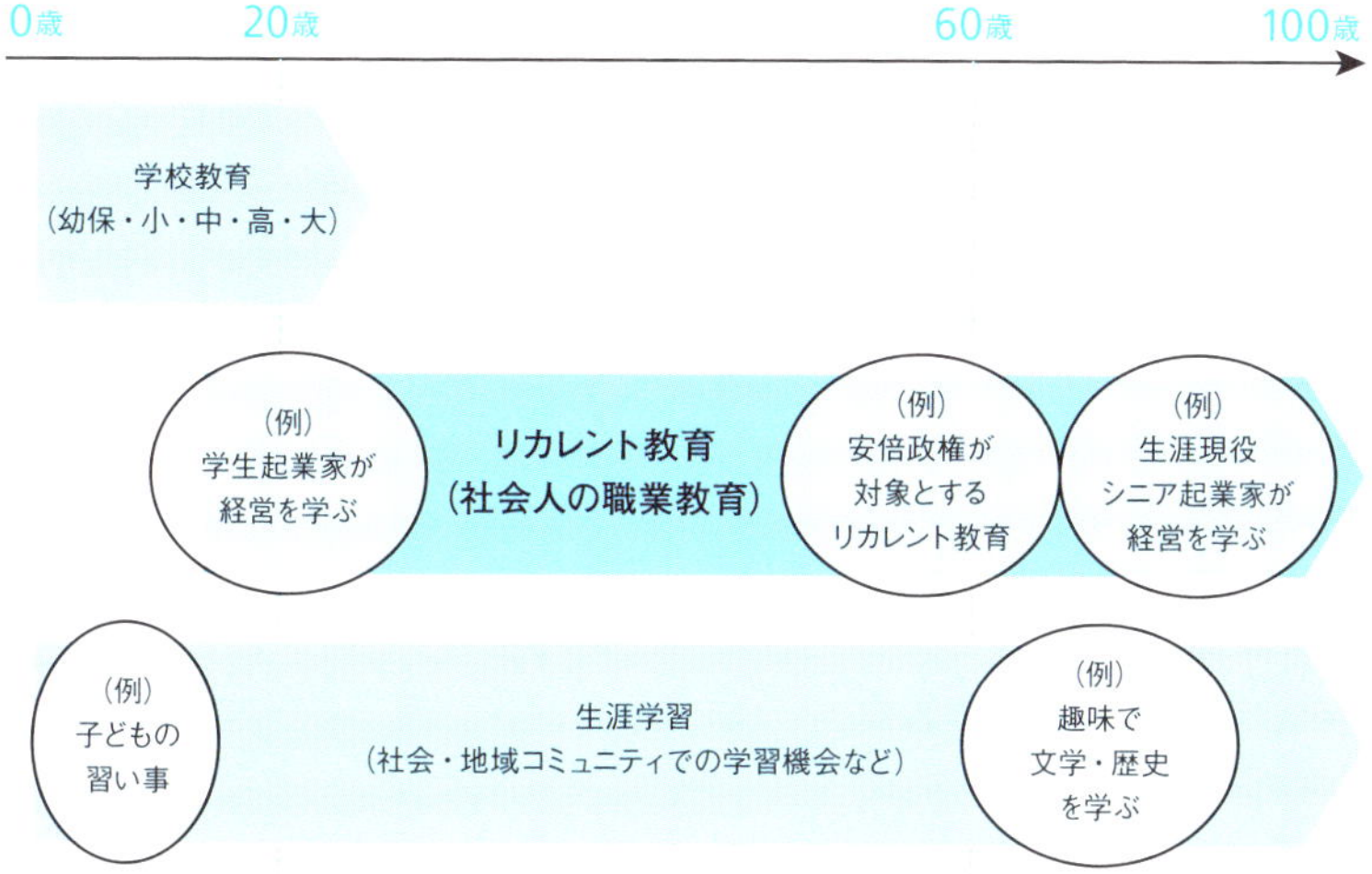

出所：リンダ・グラットン『LIFE SHIFT 100年時代の人生戦略』、週刊東洋経済、ほかより作成

いまだ日本企業では、「学校で得たスキルで一生やっていけばいい」「必要なスキルは実地で学べば足りる」という考えが蔓延していて、社員研修も入社時に集中して行われるだけだ。

欧米から技術や製品を受け入れ、追いつき追い越せ、でやっていた時代はそれでよかったかも知れない。

二一世紀は、会社の新人であろうが幹部であろうが、新しいことを学び続けなければ生きていけない時代である。先輩が後輩に自分が行ってきた仕事を教えるだけですんだ単純成長の時代には逆戻りできない。

振り返れば二〇世紀にフィルム市場で圧倒的なシェアを誇っていたコダックは、一九九〇年代後半に登場したデ

ジタルカメラによりマーケットシェアを失い、二〇一二年には倒産してしまった。一方、ソニーやキヤノンはデジタルカメラの開発に戦略をシフトして生き残ることができたが、今はスマートフォンがデジカメ市場を奪っている。

デジタル・ディスラプションの時代におけるこういった急激な変化は、今後ありとあらゆる産業で起こっていくだろう。

次章でいくつかの産業で予測される変化を説明するが、どのような業界人でも学び続けることなく一生安泰でいることはできないのだ。インバウンド全盛の時代には旅館やペンションなどでも外国人に対するアピールやホスピタリティが生死を分ける、そういう事例が身近に起きているのだ。

人工知能に負けない人材を育てる

今の状況からは想像することも難しいかもしれないが、日本の強さは人材にあると言われた時代があった。だがそれには理由がある。

二〇世紀は、欧米先進国という目に見える目標があったため、そこに向けて追いつけ、追い越せと努力をすればよかったのだ。

高品質かつ価格の安いメイド・イン・ジャパンが世界を席巻した時代も今となっては懐かしいが、二〇世紀は社内教育のみでもグローバルな競争に打ち勝つことができた。

特に二〇世紀後半は、日米貿易摩擦が起こり、米国から「勘弁してくれ」「日本はやりすぎだ」と言われたので、当時のビジネスを考えると、「よりよい、より速い、より小さい製品を作る」というゴールに向かって突き進んでいけば勝つことができた。だから、目標に向かって邁進するのが得意な日本が世界をリードすることができたのだ。

しかし、二一世紀になりデジタル・ディスラプションの時代に突入してからは、時代の変化をつかみ自らゴールを設定しなくてはならない。そのためには、二〇世紀から何ら変わっていない人材育成の方法を変えるための抜本的な改革が必要だ。

ビッグデータが爆発的に増加する時代となり、人工知能が人間の能力を凌駕する「シンギュラリティ」（技術的特異点）が起きる日も近づきつつある。いつ起きるのかについては諸説あるが、二〇四〇年あたりをイメージしておくべきだろう。

シンギュラリティの先には、コンピューターに対して人間では勝つことができない仕事が出現してくると思われる。今の仕事が次々と人工知能などのデジタル技術に置き換えられていく中で、人間独自の付加価値がある仕事をしなくては生き残ることができないのだ。

解雇規制の緩和を進めることができない

デジタル時代に対応する人材を育てるためには「解雇規制の緩和」と「社会保障の充実」をセットで実施する必要がある。ドイツは、この二つの改革を同時に実施することで継続的な経済成長を実現してきた。

解雇規制の緩和が必要なのは、「使えない人材がいつまでも会社に残る」問題を解消するためだ。解雇規制が強すぎると、意識の低い人は（安心して）ますます学び直しを行わず、ひいてはこれが企業の競争力を落とし、日本全体のプレゼンス低下につながりかねない。

企業が使えない人材を放出することができれば、空いた席に優秀な人材を引き入れることもでき、浮いた給料を社員教育に充てることができる。

ただ、解雇規制を緩和するだけでは不十分である。「社会保障の充実」も同時に実現させ、解雇された後に学び直し、再チャレンジできる環境を整えなくてはならない。具体的には失業給付を充実させ、失業期間にきちんと職業訓練が受けられるような仕組みづくりが求められる。

ところが日本政府は、逆のことを行っている。パートや非常勤をフルタイムの正社員にしてほしいと経済界に要請するなど、ますます解雇しづらい状況をつくり出そうとしているからだ。

安倍首相は、「働き方改革」も企業に押しつけている。長時間労働の抑制や休暇増加を強いながら賃金アップも企業に要請する有り様で、このままでは日本企業の国際的な競争力は失われていくばかりだ。これに経団連も「イエッサー」と応じているので目も当てられない。労働者の雇用や権利をひたすら守り、休暇を増やして給料を上げるだけでは、労働コストの安い新興国などに、二一世紀の仕事はすべて奪われてしまう。

日本企業が新卒一括採用を基本とした採用制度を相変わらず維持していることにも問題がある。新卒と中途採用者の動向を見ると、新卒採用の方が中途採用よりも二・五倍程度多いが、私はこれからはすべて中途採用に変えるべきと考えている。

新卒採用を行っても、三年後には三割以上が辞めてしまう現状があるにもかかわらず、新卒採用を基本として研修まで施すのは相当無駄がある。それよりは、企業に対して免疫力のある中途応募者を中心に採用し、その上でしっかりと教育を施した方がこれからの時代は、よほど賢明ではないだろうか。

「同一労働同一賃金」で世界の逆を走る

安倍首相は「同一労働同一賃金」を平気で口にしているが、ここにも問題がある。二一世紀のボーダレス経済で日本だけが同一労働同一賃金を行っていてはますます競争力を失ってしまう。

世界中のあらゆる企業が、世界のどこにつくれば、一番安くなるかを見積もった上で最適な生産拠点を決めているからだ。仕事の内容が同じで給料が五分の一であれば、企業が海外に流れていくのは自明の理。つまり、安倍首相が言っているのは、「企業は海外から人材を雇用せよ」あるいは、「企業は賃金の安い海外に出て行け」ということなのである。

残業に六〇時間の上限（超えると割増賃金の引き上げ）を設けることについても、私は大いに疑問がある。六〇時間を超える残業代を計算すると、約八・五兆円と日本のGDPの一・六％に相当する。つまり、生産性そのものを上げる策も実行せずに、残業代に上限を設けてしまうと、それだけでGDPが一・六％も減るのである。

私がこういうことを言うと、「弱者をないがしろにしている」「強者の方便だ」と反論されるが、労働者の権利を守ってばかりいると、日本企業が破綻してしまう恐れがある。そうなると賃金は一円も払われず、最終的に損をするのは、労働者だ。

労働者の最低限の権利は守られるべきということについて否定はしない。しかし、企業や個人の競争力をそぎ落とす「安全装置ばかりの国」の方向に進む安倍政権のやり方に私は納得できない。まずは国をあげてリカレント教育の仕組みを構築し、「失業期間＝次の就労のための準備期間」という認識を国民全体に広げていく必要がある。

世界で戦える人材を目指せ

人生一〇〇年時代構想会議は、二〇一八年六月に「人づくり革命」の基本構想を公表している。そこで、「幼児教育の無償化」「高等教育の無償化」「大学改革」「リカレント教育」「高齢者雇用の促進」という五つの分野に関する政策の方向性が示された。

この中で教育の無償化については実施時期も示されているが、大学改革やリカレント教育については、具体策が見えず実施時期も不明瞭のためその効果には疑問が残る。

本当に「人づくり革命」を実行したいのであれば、世界のどこに行ってもその国々で指導力を発揮できるようなとがった人材を生み出さなくてはならない。わずかでもいいので、そういった人材を育成することができれば、社会に対しても強烈なインパクトが期待でき、日本の経済にも大きな起爆剤となる可能性がある。

アマゾンの創業者であるジェフ・ベゾス氏、同じくテスラのイーロン・マスク氏、アリババのジャック・マー氏、テンセントのポニー・マー氏のような人物をイメージしてほしい。このような創業者を日本から輩出する仕組みをつくらなければならない。

ジェフ・ベゾス氏は、ウォールストリートの金融機関に勤務後、退職してシアトルでネット書店を開き巨大なeコマースの百貨店に成長させた。アマゾンは世界最大のクラウドコンピューティング会社（ＡＷＳ）でもあり、ＡＷＳが非常に大きな利益を稼ぎ出している。

激動する二一世紀は、技術や資本を持つ組織よりも、たった一人の個人がブレークスルーを起こすことができる時代である。

そのためには個人で新しいビジネスをつくり出し、世の中を変えるような人が出てくるように社会や教育の仕組みをつくりかえる必要がある。政府にはそういった人材を生み出す「真の人づくり革命」を実行してほしいと強く願っている。

［第一章のキーワード］

リカレント教育

経済協力開発機構（ＯＥＣＤ）が、一九七〇年代に提唱した、社会に出てからも学校や教育・訓練機関などで学び、生涯にわたって学習を続ける教育のこと。「リカレント（recurrent）」は「回帰」を意味する。

デジタル・ディスラプションの時代

デジタル化によるイノベーションにより、既存の産業に破壊的変革が起きる時代を指す。変革を起こすプレイヤーを「デジタル・ディスラプター（創造的破壊者）」と呼ぶこともある。

単線型のライフモデル

「教育」「勤労」「引退」の三つのフェーズで構成される、二〇世紀において一般的とされた人生モデル。

マルチステージ型のライフモデル

単線型の人生モデルに対する概念であり、生涯に複数の教育やキャリアを経験することを指す。超高齢社会における人生モデルとして考えられている。

人生一〇〇年時代

英国ロンドンビジネススクール教授であるリンダ・グラットン氏が著書『ＬＩＦＥ　ＳＨＩＦＴ（ライフ・シフト）』で提唱したことにより広まった言葉で、寿命が一〇〇歳を超えることが前提となる社会を指す。

低欲望社会

バブル崩壊後の一九九〇年代以降、給料の頭打ちや将来不安により消費が冷え込んだ日本の社会状況を表す。

ビッグデータ

従来のデータベース管理システムなどでは扱うことが難しかった巨大なデータ群。データ解析技術が進歩したことにより、人の行動解析や天気予測など活用の可能性が広がっている。

シンギュラリティ

米国の未来学者レイ・カーツワイル氏が提唱した、人工知能が人類の知能を超える転換点を指す概念。テクノロジーの飛躍的進歩が人類に豊かな未来をもたらす根拠として考えられる一方で、人工知能に仕事を奪われるといった懸念も広がりつつある。

働き方改革

一億総活躍社会を目指す日本政府が提唱するもので、「非正規雇用の処遇改善」「賃金引上げと労働生産性向上」「長時間労働の是正」「柔軟な働き方がしやすい環境整備」などを目指すとされている。

同一労働同一賃金

同一企業・団体における、正規雇用労働者と非正規雇用労働者の間の不合理な待遇差の解消を目指す考え。安倍内閣が打ち出した「一億総活躍社会」の実現に向けた施策の一環として法整備等が進められている。

第2章

専門性なきホワイトカラーが溢れる

二一世紀は、「答えが見えない時代」である。ＡＩやＩｏＴが産業構造を大きく変え、産業の未来を誰も見通すことができない時代ともいえる。

このような時代にはアイデアを生み出し、イノベーションを起こし続けていく必要があるが、日本のホワイトカラーにはこれらについて日頃から考える習慣がついていない。

その原因は、高度経済成長の頃から多くの人材が新卒一括採用で雇われてきたことにある。新入社員はこれまで先輩が行ってきた仕事を与えられ、先輩と同じようにそれを行えば給料を貰うことができた。総合職と言えば聞こえはいいが、要するに名刺のないゼネラリストだ。何もでも対応できるかもしれないが、余人を持って代え難いスキルが身につかない。このようなぬるま湯の状態だとイノベーションなど生まれるはずもない。結局、日本企業はＩＴ化やアウトソーシングも十分に進まないまま二一世紀を迎えてしまった。

本来、仕事を効率化するためにはスタンダード・オペレーティング・プロシージャ（ＳＯＰ：標準業務手順書）を定める必要がある。業務に求められる作業や手順を詳細に文書化し、業務を一定の品質に保つことは国際ビジネスの常識だが、日本ではこのようなやり方が確立されておらず、これまで前任者と後任者の口頭伝達だけで多くの業務を続けてきた。これではＩＣＴ

に業務の一部を移管することもできず、業務の効率化は進まない。効率化できなければ付加価値を生み出すために必要な考える時間も生まれない。

このようなホワイトカラーが日本には溢れているため、今になって「イノベーションを起こせ」と指示されても、相当に難しいのだ。まずはITやクラウドソーシングを活用し、既存の業務を効率化する必要がある。

私は、これからの企業経営には「三つのクラウド」（クラウドコンピューティング、クラウドソーシング、クラウドファンディング）の活用が重要であると考えている。

特に大切なのがクラウドソーシング（オンライン上で不特定多数の人に仕事を発注するシステム）だ。インターネット上で「こういう仕事をする人を探している」と募集をすると、世界中から「私に担当させてください！」と名乗り出る人が相当いるので、彼らを積極的に活用するのだ。

自分の会社の人たちだけで仕事を行うのではなく、世界中の才能ある人たちの力を安く、早く借りることで、ホワイトカラーは単純作業から解放され、考えることに集中できる。その結果、自分の力を何十倍にも高めることができるが、現状としてはクラウドソーシングの活用さえも十分に行われていない。

今いる人材を「稼働させよう」とする日本企業

日本企業の問題点は、具体的な仕事を想定せずに人材を雇うことにもある。つまり、すでに存在する組織ありきで、その人に仕事の内容がつく〝メンバーシップ型〟の人事を行っているのだ。

「君はこの仕事をやってくれ」「君はこちらに配属だ」と、組織のメンバーに仕事が割り振られる。このように、「出世は年功序列で、みなが一緒に定年退職」という日本型の組織運営では、企業は「今いる人材をいかに稼働させるか」という考えで人事を決める傾向が強い。これでは、誰にどのような仕事を割り振ればいいかが分かりにくく、長期的に必要な専門能力を培わせることもできない。

一方、欧米の企業は日本とは真逆で、仕事の内容に人がつく〝ジョブ型〟である。組織の仕事は何かをまず定義し、それに合うスペックを持つ人材を募集するのだ。何ができるのかというスキルの名刺があって初めて値札（給料）が決まってくるのだ。このやり方なら人事に関する査定は、事前に設定していた仕事の内容に対してパフォーマンスを出すことができたかどうかで判断され、できていない場合、即解雇となる。「君はこういう仕事のために来てもらっているけれど駄目だったじゃないか。はい、さようなら」という具合である。

逆に成果を上げれば、「次はこんな仕事をやってみないか？」と新しいチャレンジの機会が与えられるため、個人はさらに専門性を広げることができる。

メンバーシップ型とジョブ型を比較すると、変化の激しい今、後者が合理的であることは明白だろう。しかしながら、新卒一括採用と年功序列を当然のものとして捉えてきた日本企業にとって、欧米企業が導入しているジョブ型への移行は容易ではない。

日本はホワイトカラーの解雇が世界で最も難しい国であるため、採用後どうしても人材のミスマッチが生じてしまう。このように必要な人材を必要な時期に採用して配置することができないという人事の問題は、日本企業にボディブローのように効いてきているのだ。

ハイブリッド技術は生き残れるか（図4）

デジタル・ディスラプションの時代には、大学などで必要な知識や技術を身につけても一生保証されることはない。大学の先生も含めて一生学び続けなければ、失業のリスクが高まるという危機感を持つことが重要である。

ここからは、今後産業ごとに予測される変化を見ていきたい。

図4　産業別「リカレント教育」が必要な理由

	デジタル・ディスラプションの影響	参考にすべき企業
自動車	CASE、MaaSによって、これまでの自動車は一部品となり、雇用激減	Uber、Lyft、滴滴、Waymo、car2go
銀行	FinTech、キャッシュレス決済、AI与信、AI運用ブロックチェーン等により銀行が不要になる	Alipay、WeChatPay、芝麻信用、QR決済等
小売り・流通	EC、無人店舗化、C2C、シェアリングエコノミーなどにより小売りの存在意義が変わる	アマゾン、アリババ、バイマ、メルカリ
メディア・TV	動画・映像、音楽コンテンツのサブスクリプション配信化で、放送・レンタル会社が不要に	NetFlix、hulu、Spotify
ホテル・旅館	空き部屋シェアで、低価格の宿泊設備を大量に供給され、固定設備を抱える既存業界が苦戦	Airbnb、各種民泊事業者
人材紹介・派遣 システム開発 デザイン会社	自社人材を抱えてサービスを提供する事業者が、クラウドソーシング事業者にディスラプトされる	UpWork、CrowdWorks、LinkedIn

●ボーダレス経済とサイバー経済の変化が日替わりメニュー化

●常に「学び直し」をしなければ、デジタル・ディスラプション時代の経済の変化についていけなくなる

出所：BBT大学総合研究所 ©BBT Research Institute All rights reserved.

まず日本を代表する産業である自動車産業は、二〇世紀に世界を席巻したかに見えたが、デジタル・テクノロジーの影響を受け、これまでにない大きな変化にさらされている。

自動車産業のプロでも一五年先に起こるであろう自動車産業の状況を予測することはできないだろう。

二〇世紀初期にヘンリー・フォードが自動車の大量生産に成功してから一〇〇年以上が経った自動車産業は、歴史もあり完全に成熟期に入ったように見える。世界中に自動車関連のサプライチェーンが張り巡らされ、日本だけでも三万一〇〇〇カ所弱のガソリンスタンドがあり、自動車保険や自動車整備など、付随するサービスも数多く存

在している。

ところが、このような自動車産業でも、デジタル・ディスラプションの影響は避けられない。車が電気だけで動くようになると、ガソリンスタンドはどうなるか、考えてみてほしい。

今、世界中で電気自動車（ＥＶ）シフトが起きて、自動車業界の勢力図も塗り替わりつつある。特に中国ではＥＶ車が普及しはじめ、二〇一七年には六〇万台のＥＶ車が販売されたという統計データもある。

日本の状況を見ると、日本の自動車メーカーはガソリンエンジンと電気モーターの二つの動力で走行する「ハイブリッド車」の開発に躍起になっているが、それに注力するあまりＥＶ化に相当出遅れてしまった感は否めない。

今考えておくべきは、日本の強みであるハイブリッド車が将来売れなくなる危険性である。世界で環境規制が強化される中、CO_2を排出するハイブリッド車は環境対策車として不十分だとみなす動きが出てきているからだ。

カリフォルニア州では、排出ガスを出さない車（Zero Emission Vehicle）を一定以上販売することを義務づけたＺＥＶ規制を一九九〇年代から実施していたが、二〇一八年から規制が強化され、ＺＥＶの対象からハイブリッド車が外されてしまった。

ＺＥＶ規制は全米に広がりを見せていて、ハイブリッド車の売れ行きが規制の直撃を受けるであろう状況から見ると、日本の自動車メーカーでEV化が加速する可能性は、十分考えられる。するとどうなるか。考えられるのはガソリンスタンドの経営悪化だ。EV車が家庭で充電できるようになれば、わざわざガソリンスタンドに行く必要がなくなる。さらに、EV車はガソリン車に比べ部品点数は一〇分の一程度なので、長年かけて構築した自動車産業のサプライチェーンが崩壊する危険性が極めて高い。

完全自動運転を目指す各自動車メーカー

EV化と同様に、「自動運転」技術も自動車産業の構造を破壊する。

まずは、アメリカの「SAE International」が策定した自動運転レベルの指標を基準に、自動運転技術に関する現在の状況を見てみよう。

自動運転技術の指標は、レベル〇から五まで六段階ある。

レベル二までは、ステアリング操作や加減速などをシステムがサポートする運転支援機能を備えていて、レベル三以降が一般的にイメージされている自動運転である。

レベル三は特定の場所でシステムがすべてを制御し、緊急時にはドライバーが操作するものの、運転をほぼ自動化できるというものだ。

ドイツのアウディはレベル三まで完成させ、世界に先駆けてレベル三の機能を搭載した量産車「Ａｕｄｉ　Ａ８」を発売している。

一方、日本の自動車メーカーはまだレベル三の自動車を実現することができていない。そのため、トヨタ自動車は東京オリンピックが開催される二〇二〇年頃にレベル三相当の自動車を完成させるという目標を発表していて、ホンダなどもトヨタの後に続くと見られている。

ただし安全で手軽に利用できる自動運転車が実現すれば、タクシーや公共交通機関のドライバーは職を失う危険性が高い。これはかつてＴ型フォードの登場により世界中で馬車が消滅したのと同じ現象だ。

自動車保険を扱う会社も相当打撃を受けるだろう。自動運転車に向けた新たな保険商品が開発される可能性もあるが、既存のビジネスを大きく見直す必要が出てくる。

自動車教習所も同様で、ごく一部の運転愛好家を除き運転免許を取る必要もなくなるため、自動車教習所のビジネスは立ち行かなくなるだろう。

若者の車離れにより、これらの業界は業績を悪化させているが、さらに大きな変化が目前に迫っている。自動車業界のビジネスモデルを今から見直さなくては、来るべき変化に耐えることはできない。

「所有」から「シェア」に流れる市場

移動したい人がスマートフォンで自動車を呼び出し、目的地まで自動運転で連れて行ってもらうことも、将来は可能になるだろう。これが実現できれば、自動車の相乗り（ライドシェアリング）へ急速にシフトしていくと思われる。

そうすると、車を所有する人は一気に減少する。現在、都心では車の維持費が月一〇万円近くする地域もあるが、自動車の相乗りだとフルに使っても月数万円程度ですむ。このようなライドシェアリングの流れが加速すれば、自動車の販売台数は七割程度に減るという試算もある。

すでにドイツではベンツとＢＭＷがＣＡＲ２ＧＯという企業を通じてシェアサービスを事業化している。利用者は使いたいときにスマートフォンで自分がいる場所に一番近い車を探して利用し、その後乗り捨てるといった使い方である。

日本では、ライドシェアに関してはまだ法整備がなされておらず、二種免許を持たない人が料金をとって他人を乗せる行為はいわゆる「白タク」行為とみなされるため、ビジネス化に至っていない。このような状況に対しソフトバンクグループの孫正義会長兼社長は、「国が未来の進化を止めている」と怒りをあらわにしているが、今後、ライドシェアの規制緩和が実施される可能性も大いに考えられる。

プラットフォームに淘汰される日本の自動車メーカー

ＥＶ化や自動運転化が進む未来に対し、日本の自動車メーカーはどのように戦略を立てるべきか。

ＥＶ化について日本は現状でも対応できる。トヨタなどが開発するＰＨＶ車（プラグ・イン・ハイブリッドカー）は、「ガソリンも使えるＥＶ車」として売り出すことが可能だからだ。基本的には排ガス規制のある都市部ではＥＶ車として電気を動力として利用し、長距離走行などが必要なときにバックアップとしてガソリンエンジンも使える売り出し方をすれば、ユーザーに広く受け入れられるだろう。充電よりもガソリン充填の方が安心するからである。しかし、自動運転化によりライドシェアリングの流れが加速すると、日本の自動車メーカーにとっては深刻な問題となる。

ライドシェアのようなシェアリングエコノミーに分類されるサービスはＭａａＳ（Mobility as a Service）と呼ばれるが、移動手段自体をサービスとして提供する企業が、既存の自動車メーカーにとって最大の脅威となっていくだろう。

プラットフォームを持つ会社は、顧客情報を抱えているため、顧客のステージに合うようなサービスをオファーすることも可能だが、日本の自動車メーカーはそうしたことは行っていない。

たとえば私はトヨタの車をこれまで一〇台以上購入しているが、トヨタ本社はその情報をおそらく持っておらず、持っていても一元化して活用できていないのではないか。これはＭａａＳを展開するときに致命的なものとなる。逆にグーグルのウェイモーやＧＭの自動運転の実現は圧倒的であり日本のように規制が多くて実車実験のできない国では大きな足かせとなっている。

このように、自動車産業に起きている個別の現象を積み重ねて見ていくと、現在五〇兆円規模の自動車市場が今後一〇年程度で激減する危険性も見えてくる。

トヨタは、「Ｆｕｎ ｔｏ Ｄｒｉｖｅ、Ａｇａｉｎ」、マツダは「Ｂｅ ａ ｄｒｉｖｅｒ」と銘打って広告を展開しているが、運転をする必要がなくなる未来に対して、まだ「ドライバー」を想定している。日本の自動車メーカーは具体的にどのような戦略を取ろうとしているのだろうか。

五年先の展望さえ描けない

かつて銀行といえば高給かつ安定した就職先として、就職希望ランキングの上位に挙がっていた業界である。しかしながら今となってはテクノロジーの進化に取り残され、五年先の未来像も描けない状況に陥っている。

銀行のビジネスは、主に「金を預かる」「運用する」「貸す」という三つから成り立っている。今まさにこれまでの銀行の役割が、フィンテックに取って代わられようとしているのだ。

現在、金融の世界で起こっている変化を、先行する中国の事例から紹介したい。

中国のアマゾンとも呼ばれるアリババグループのアント・フィナンシャルが提供する金融サービス「余額宝」（ユアバオ）と呼ばれるMMFは、ロボットにより運用され、人間を超えるパフォーマンスを生み出している。四％超の利回りを達成し、この実績により世界最大の二八兆円もの資金が集まっているのだ。

資金の貸し付けにおいても、日本と中国の差は大きい。私が四〇年近くつき合っている日本のメガバンクで、資金調達の相談をしたときの話をしよう。私が資金調達を申し出ると、いつもの担当ではない他の行員が出てきて、分厚い申請書類を書けと言うのだ。しかも昔ながらのカーボンコピーに手書きである。さらに、借り入れには担保の設定が必要だと行員から真顔で言われて驚いた。私はこれまで電話料金の引き落としなどの期日に一度も遅れたことがないが、それでも担保がないと銀行は一切お金を貸さないと言い張るのだ。

数十年前と何も変わらない対応をされたわけだが、これが中国であればどうか。中国のフィンテックを代表する企業であるアント・フィナンシャルの融資は、次のようなものだ。

アント・フィナンシャルはビッグデータで個人の信用情報を平素から蓄積しているため、融資では瞬時に与信の判断をすることができる。同社は、この技術を活用して小規模企業や個人事業主向けの融資サービスを提供しているが、スピードがすさまじい。これを端的に表すのが、融資サービスを説明するときに使う「三・一・〇」だ。つまり、三分で融資申請をネットで記入すると、一秒でシステムが融資の審査をし、携わる社員はゼロである。

このような融資サービスを、人工知能の力を活用して実現しているのだ。日本の銀行員が申請書類や担保とにらめっこをして、時間をかけて融資を実行しているのとまったく異なる。

アント・フィナンシャルが本気になれば、日本で銀行ビジネスを展開することも可能だろう。経営的に苦しい信託銀行か地方銀行でも買収してしまえばいいのである。彼らのサービスはスマホだけでも可能なので、買収をせずとも日本の市場を奪うこともできるだろう。

日本の銀行が生き残るためには、中国のような蓄積したデータベースをフィンテックで活用するビジネスを再構築するほかない。しかし残念ながら、古い業務を漫然と続けている日本の銀行員はそういった思考の転換をすることができない。

日本の銀行の危機的状況

日本の銀行には、「今までの仕事のやり方を変えずに生き残りたい」と言う行員もいる。しかし、そのような甘い考えでは金融業界の変化についていけず、これまでのやり方で課された収益のノルマを達成するために不正に手を染める危険をはらんでいる。

分かりやすい事例が、スルガ銀行だ。スルガ銀行は数年前までは「地方銀行の優等生」と言われ、森信親金融庁長官（当時）が「他の銀行もスルガ銀行を見習え」と絶賛していたが、その後、二〇一八年に「かぼちゃの馬車」の事件が起こった。

この事件は、都内を中心に展開する女性専用のシェアハウス「かぼちゃの馬車」を運営するスマートデイズが、高い家賃や利回りを保証して会社員などから投資を募ったことに端を発する。かぼちゃの馬車のスキームを利用するには、出資者は一億円程度かけてシェアハウス物件を購入する必要があるが、これだけの資金を個人だけで用意できるはずもなく、銀行に借り入れを頼むことになる。ここで登場したのがスルガ銀行だ。

スルガ銀行は、他の銀行であれば融資を断られるような人に対して、積極的に貸しつけを行っていた。つまり、通常行われるべき審査を行わなかった結果、過度な借金を背負いシェアハウスを購入した人が増えていったのだ。

ところが、シェアハウスの入居者が十分に集まらず、不動産オーナーへの賃料の支払いが滞り、スマートデイズは経営破綻し投資家には多額の借金が残った。これが事件の概要である。

かぼちゃの馬車事件は、アメリカで起こったサブプライム・ローンと基本的には同じ構造だ。借りる側の信用情報を無視して、本来貸せる額の数倍のお金を貸していた。このように誰が見ても非常にリスクの高い取引をスルガ銀行が行っていたことが分かる。

こうした状況からも、銀行の従来型のやり方は限界を迎えていることが分かる。今までのやり方を続け収益を生もうとすると、何らかの不正に手を染めることになる。これが破滅的な結果を生んでいるのだ。

一人一億円でリストラを実行した三越伊勢丹

小売りや流通業界も、ＥＣ小売りの躍進による大きな変化の波にさらされている。「アマゾンエフェクト」と呼ばれるものだ。

アメリカを見てみると、二〇一七年には玩具の販売でトップだったトイザらスが、次いで二〇一八年一〇月には一九世紀以降アメリカを代表する老舗百貨店であったシアーズ（旧シアーズ・ローバック）が破産申請をするに至った。今後世界中で、同様の現象が起きてくるだろう。

日本では三越伊勢丹ホールディングスが極端なリストラに踏み切ったことが記憶に新しい。伊勢丹と経営統合された三越といえば日本で最も古い歴史を持つ百貨店だが、業績悪化に伴い四八歳以上の社員に対して希望退職者を募ったのだ。

退職に応じた社員には加算金が最大で五〇〇〇万円支払われるという。もともとの退職金が五〇〇〇万円程度の社員の場合、合計すると約一億円だ。

早期退職の対象になったフロアマネージャーは、学卒の正社員というだけで大きな顔をして二〇年前の入社時に覚えた仕事を漫然と繰り返しているだけ。現場で応対する女性の派遣社員の方がよほど商品知識を持っているので、役に立たない中堅社員をクビにするというのは、経営者の発想としては分からなくもない。

しかし、リストラに一億円かけるくらいであれば、再教育を行う選択肢があってもよかったのではないだろうか。四八歳といえば、本来は脂の乗った働き盛りの年代だ。それを再教育の機会も与えずに放り出すというのは、経営者の責任放棄である。

私が三越伊勢丹ホールディングスの経営陣に特に怒りを感じたのは、中高年のリストラを行っている最中二一五人もの新卒者を採用したことにある。二五年間一緒に働いてきた社員を解雇しておきながら、海の物とも山の物とも分からない人を大量採用したというのは、トップが腐っているとしか言いようがない。

この一連の経緯から見ても、三越伊勢丹ホールディングスの経営者は、社員を育てることを自分の仕事と考えていなかったことが明らかだ。生涯通じてリカレント、という発想もまったくなかったのだろう。

自動車や銀行、小売業を分かりやすい事例として挙げたが、今後はデジタル・ディスラプションの波があらゆる業界に押し寄せてくるだろう。

これは三越伊勢丹ホールディングスのようにリストラをして人材を入れ替えればすむ話では

ない。就労人口が減りつつある日本において、企業の競争力を高めるためには、社内の人材を鍛え直すことが不可欠である。絶え間なく再教育を行うことが、この時代のマネジメント層に最も求められることなのだ。

［第二章のキーワード］

ヘンリー・フォード

アメリカの自動車会社フォード・モーターの創業者。ライン生産方式による大量生産技術を開発し、自動車産業の育ての親とされる。

電気自動車（EV）

走行中に二酸化炭素や排出ガスを出さないため地球環境に優しい上に、ランニングコストがガソリン車に比べ安いことや、振動や騒音が小さいなどのメリットがある。

ZEV規制

米国カリフォルニア州をはじめ一二州で施行。ZEVとは「ゼロ・エミッション・ビークル」のことで、排出ガスを一切出さない電気自動車や燃料電池車を指す。

SAE International

米国の非営利団体。自力推進の乗り物の標準化を推進する団体であり、同団体が定める「J3016」は、自動運転レベルの指標として用いられている。

Audi A8

ドイツのフォルクスワーゲングループに属する自動車メーカー「アウディ」の開発した自動車。四代目モデルは、量産車としては世界初の自動運転機能レベル三を実現し、時速六〇キロ以下で走行する場合に、発進や加速、ステアリング操作、ブレーキを自動化している。

ライドシェアリング

自動車を相乗りすること。空いている座席を利用することで、ガソリン代などを節約することができる。欧米では安価な交通手段として浸透していて、インターネットの発達に伴い新たなライドシェアリングのサービスも生まれている。

プラグ・イン・ハイブリッド（PHV）

家庭用のコンセントから直接バッテリーに充電できるハイブリッド車。

MaaS

「Mobility as a Service（サービスとしての移動）」の略称。ライドシェアサービスなどを利用することで、自動車などを所有せず移動手段をサービスとして利用するというコンセプト。環境汚染や維持費の問題を解決するものとして注目を集めている。

フィンテック

「ファイナンス」と「テクノロジー」を組み合わせた造語で、ITを駆使した金融サービスを指す。

余額宝（ユアバオ）

アリババグループの関連会社であるアント・フィナンシャルが運用するMMF。アリババの通販サイトでも利用できることなどから人気を集め、販売開始後約四年で世界最大の資産規模になった。

かぼちゃの馬車

不動産会社であるスマートデイズが提供していたシェアハウス物件。スマートデイズは大手企業のサラリーマンなどをターゲットに物件への投資を募り急成長したが、入居者不足に伴い経営破綻。投資家に借金だけが残る事態になり事件化した。

アマゾンエフェクト

アマゾン・ドット・コムの躍進に伴い、既存の小売業等が業績不振に陥るなどの影響を受けること。

第3章

社会人のニーズに応えることができない大学（図5）

リカレント教育を行う上で今後問題となるのは、教育を行う場が存在しないということだ。「社会人の学び直しの場」と聞いてまず思い浮かぶのは大学だが、日本の大学は社会人が将来必要とする学びを提供できる状況からほど遠い。ビジネススクールで二〇年前と同じケーススタディの授業（しかも多くはアメリカの事例）を行っているところも多く、意欲あるビジネスパーソンが必要とする教育を提供できていない。

社会人が期待する学びと、大学が重視するカリキュラムに大きなミスマッチが存在することは、内閣府による「平成三〇年度　年次経済財政報告」からも分かる。社会人のニーズが高い項目として、「最先端にテーマを置いた内容」「幅広い仕事に活用できる知識・技能を習得できる内容」があるが、これらの分野を大学側はさほど重視しておらず、専門的な研究に目が向いている。たとえば自動車産業で働く人が日本の大学で学び直す場合、内燃機関（主にエンジン機関）の構造から学ぶことになる。ところがそんなことを学んでも実際のビジネスに活用するなどできない。

企業に勤める人が、研究者になる人と同じように大学で学ぶこと自体がナンセンスだ。本来大学に経営やＩＴ、ファイナンス、起業などビジネスに必要な学びを教える授業があって然る

図5　大学等が重視するカリキュラムと社会人・企業が期待するカリキュラム

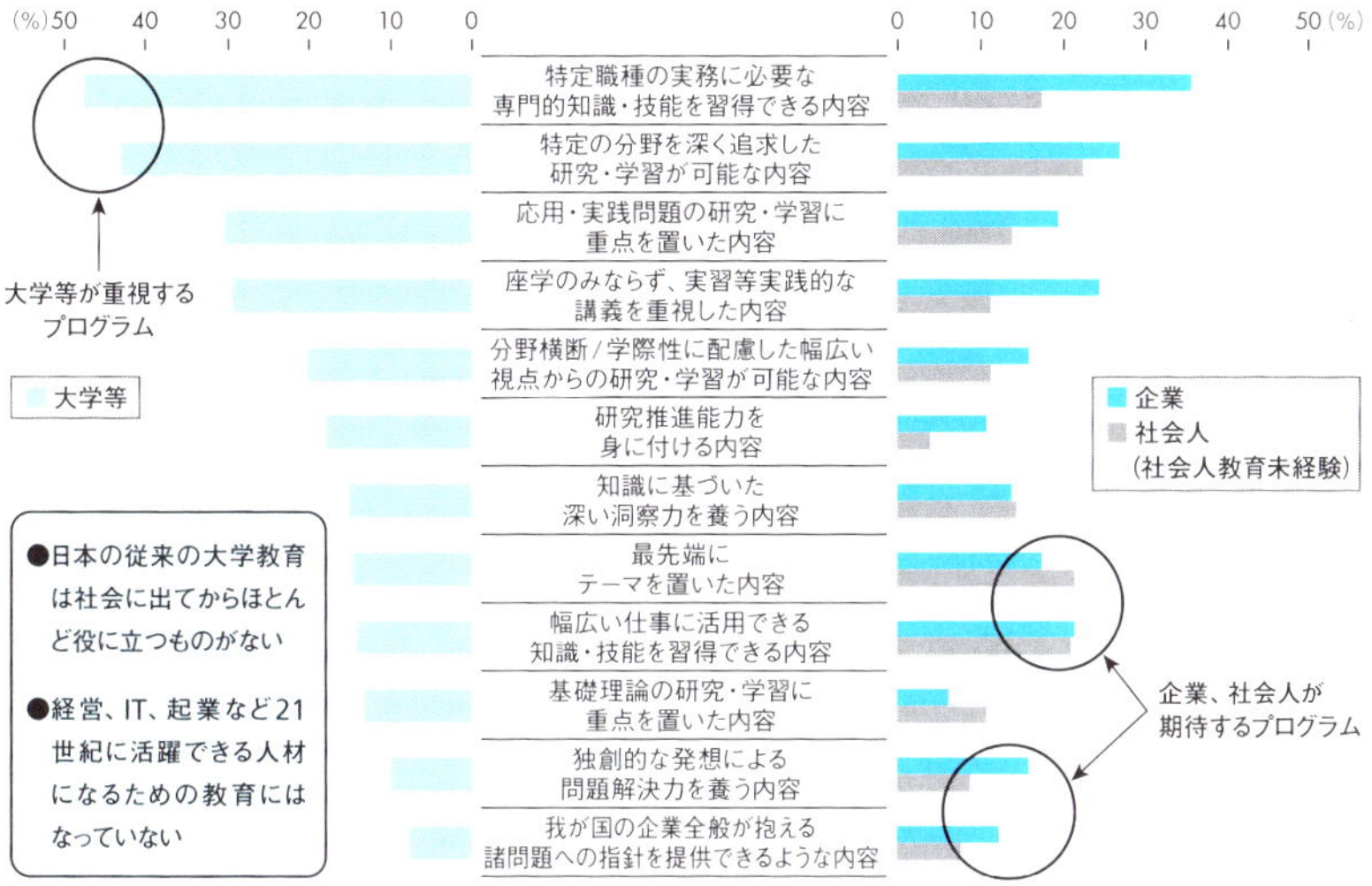

出所：内閣府「平成30年度　年次経済財政報告」より作成

べきだが、これらを教えることができる大学教授はほとんどいない。

社会人の学び直しの場と考えていない（図6）

次に企業側のニーズを検証してみる。

「首相官邸「人生一〇〇年時代構想会議」」の資料によると、企業が活用する外部教育機関は、「民間教育訓練機関」が圧倒的な割合を占めていて、大学や大学院を活用しているケースは一〇％に満たない。

この結果から、企業に大学等を活用する発想がほとんどないことが分かる。

図6　企業が活用する外部教育機関の種別（MA）

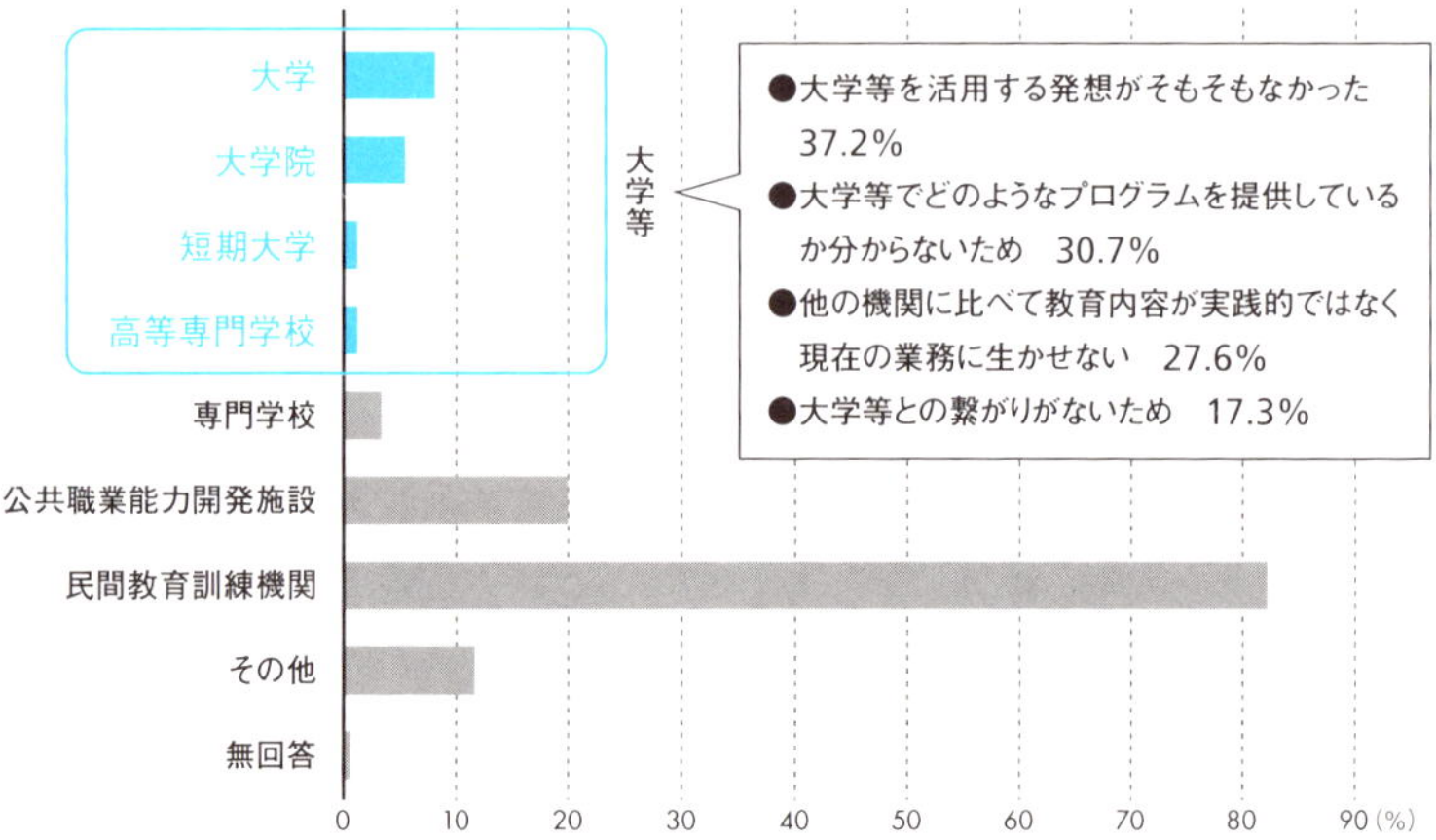

大学が社会人を対象とするプログラムを提供するための課題

Q：「主に社会人を対象としたプログラムを提供していない学部・学科・研究科におけるプログラムを提供するための条件（MA）、N=2,952」

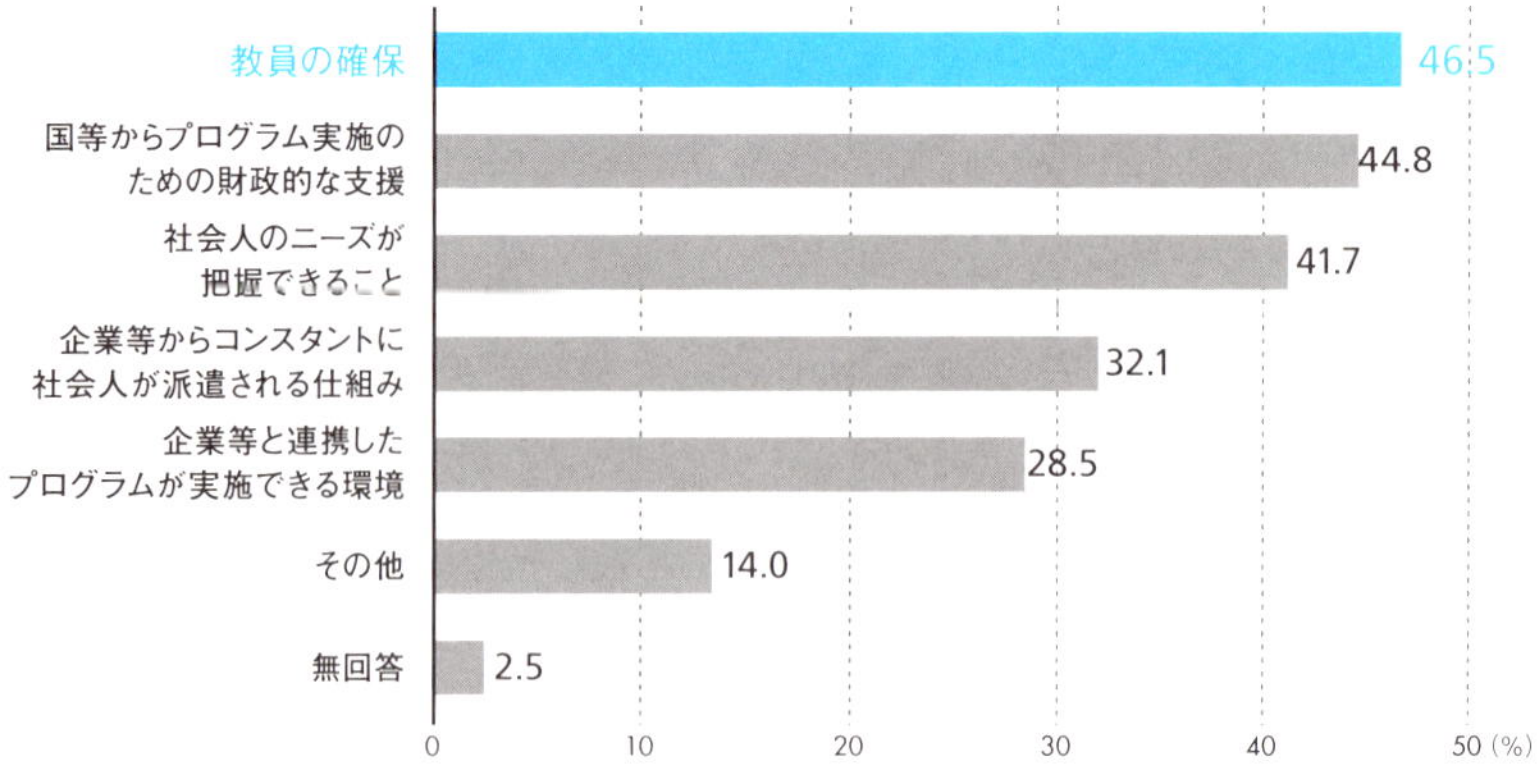

出所：首相官邸 人生100年時代構想会議「人づくり革命　基本構想参考資料」より作成

大学側が企業のニーズに応えることができるカリキュラムや教授を用意できていないので、無理もない。

大学側の言い分も見ておく。社会人をメインターゲットとするプログラムを提供していない学部や学科、研究科が抱えている課題を調査した資料によると、「教員の確保」に最大の悩みがあるという。これは、〝アカデミック〟というお題目を重視するあまり、実務家教員を切り捨ててきたこれまでの大学の姿勢が招いた結果だ。

私はBBT大学でリカレント教育を行っているが、最先端の事例を扱うため、多くの現役経営者を教授陣として揃えている。

現役のビジネスパーソンの熱意に応えられるのは、同じビジネスの最前線で活躍している人だけである。研究室にこもって何の役に立つのかも分からないことを行っている研究者ではない。経営学を教えていながら留学で経営学修士号（MBA）を取得してきた、というだけで「鉛筆一本」売ったことがない教授に経営が教えられるのか、ということは文科省も大学も問わない。

BBT大学の入学者の平均年齢は三四歳だ。高い意識を持つビジネスパーソンは、「グローバル人材になるためには会社で教わることだけでは足りない」と実感し、学ぶ場所を探している。彼らは自身のステップアップやキャリアアップのために仕事のスキマ時間を使って学んでいるのだ。やる気のある若手人材は日本でも少なくなく、彼らのような熱意を持った人材を無駄にすべきではない。

東京大学が世界大学ランキング四二位（図7）

経営学は経営者から、という私の考えに反してアカデミックな論文をもっと出せ、というのが文科省や認証評価機関の考え方だが、では日本の大学は本当に世界に認められている論文を書いているのか、となると心もとない。それは、THE（Times Higher Education）の「世界大学ランキング」の結果からも一目瞭然である。このランキングは、教育力や研究力、国際性などの五つの分野について一三の指標で各大学のスコアを算出したものだ。

二〇一九年のランキング上位には、オックスフォードやケンブリッジ、スタンフォードといった米英の大学が顔を出している。

日本のトップは東京大学だが、それでも四二位。続く京都大学が六五位で、トップ一〇〇に入っているのはこの二校しかない。

日本以外の各国の状況を見ると、先ほどのオックスフォードやケンブリッジ以外に、マサチューセッツ工科大学、ハーバード大学、イェール大学といった英米の大学が依然として上位を独占している。目覚ましいのは中国の清華大学の躍進で前年からランキングを八つ上げて二二位になった。

とりわけ清華大学の「研究力」は高い評価を得ていて、この分野に限れば、プリンストン大

図7　THE世界大学ランキング2019*

'19	'18	大学名	国
1	1	オックスフォード大学	英国
2	2	ケンブリッジ大学	英国
3	3	スタンフォード大学	米国
4	5	マサチューセッツ工科大学	米国
5	3	カリフォルニア工科大学	米国
6	6	ハーバード大学	米国
7	7	プリンストン大学	米国
8	12	イェール大学	米国
9	8	インペリアル・カレッジ・ロンドン	英国
10	9	シカゴ大学	米国
⋮	⋮		
42	46	東京大学	日本
65	74	京都大学	日本
251-300	201-250	大阪大学	日本
251-300	201-250	東北大学	日本
251-300	251-300	東京工業大学	日本

THE編集部による見解

- 競争が激化する中で、日本の大学の大半は依然として衰退、あるいは静止状態にある
- 人口減、高齢化、留学生獲得の地域的・国際的競争激化などの課題が今後、日本の大学の存続を脅かす可能性がある
- 日本の大学が真の意味で競争力を強化するには、はるかに大きな投資と国際化の努力が必要
- 欧米や日本の大学に停滞の兆しが見られる一方で、中国、香港、シンガポールなどアジアの大学が躍進している

*THE世界大学ランキング2019

- 教育力、研究力、国際性など５つの分野について13の指標で各大学のスコアを算出
- 学部卒業生数や教員数と博士号取得者数の比率、研究費収入を指標として取り入れ、論文引用数の評価比重を高くするなど、研究を重視している

出所：Times Higher Education

学やイェール大学、マサチューセッツ工科大学などの名だたる大学を上回る六位となっている。東京大学の「研究力」は一九位にとどまり、溝を開けられている格好である。

THE編集長のフィル・ベイティ氏は、「日本は長期的な下落の後、主要大学と有望な新規参入大学、両方の堅実な改善によって強固な結果を残した」と前向きなコメントをする一方、「競争が激化する中で、日本の大学の大半は依然として衰退、あるいは静止状態であり、人口減、高齢化、留学生獲得の地域的・国際的競争激化などの課題が今後、日本の大学の存続を脅かす可能性がある」と懸念も示している。

ベイティ氏は「日本の大学が真の意味で競争力を強化するには、はるかに大きな投資と国際化の努力が必要」とも指摘するが、まさにこの点が昨今の日本企業の競争力低下と関連しているのは明らかだ。

日本の論文は引用されない

日本の大学がプレゼンスを失う前兆はあった。

大学で行われる研究の価値を測る指標として、「論文の数」と「引用数」がある。かつて科学技術関連の論文数がアメリカに次ぐ世界二位だった日本は、現在六位と低迷している。

日本より上は、中国、アメリカ、インド、ドイツ、イギリスだが、中でも中国の伸びが目立つ。全米科学財団の発表によると、二〇一六年に発表された論文数でついに中国はアメリカを抜いて世界一になった。

今や日本の論文数は中国の約五分の一程度しかなく、引用数も極端に減ってきている。英語で論文を書くことができる日本の研究者が減っていることも大きく作用していると思われる。日本の大学でも過去、英語の論文を書く人は多く、他国での引用数も決して少なくなかったが今は非常に減少していて、英語の論文が続々と引用されている中国とは対照的だ。

これは、中国人の多くが海外留学を経験していることも関係している。今や世界の留学生の四分の一を中国人留学生が占めるとされ、そのうち年間四八万人が海外で力をつけた後、中国に戻っているのだ。

中国といえば、中国共産党による前時代的な教育をイメージするかもしれないが、実は大学や大学院に関してはかなり自由度が高く、学校ごとに際立つ特徴を出している。

たとえば清華大学や北京大学は、ビジネスに相当力を入れていて人工知能の論文も多数提出されている。学校発のベンチャー企業（校弁企業）に投資を行い、そのリターンで授業料を安く抑える仕組みもつくっているため、起業を希望する学生にとっても魅力的な環境となっている。

また、中国は街をあげて人材をプールする努力を行っていることもポイントである。たとえば海外に留学後に戻ってくる人のために大きなビルを建てて、部屋代を無料にするといった動きも見せているのだ。

これに対して日本政府は、相変わらず腰が重い対応である。国内でＡＩ開発ができるＩＴ人材は二〇二〇年に三〇万人、二〇三〇年には六〇万人不足すると試算した上で、先端分野の開発に強いＩＴ人材を年間三万人、ＡＩを活用する一般のＩＴ人材を年間一五万人育成することが急務と呼びかけるが、もはやそのようなレベルでは中国やインドに対抗できるはずもない。

この五年で世界のハイテク業界の勢力図はすっかり塗り替えられ、覇権争いは米中両国に完全に絞られたので、日本は追いつきたくても米中に追いつけない状況に陥ってしまった。

経営学の分野に関して言えば、日本の大学は経営という実学を教えられる陣容を持っていないし、また世界中の人に発信する論文を書ける人もいない。せいぜい外国の有名教授の考え方を解説するか、輸入してきた古いケーススタディでお茶を濁しているだけだ。つまりどっちつかずということで、積極的に企業人にリカレント授業をしてあげるから大学に戻っておいでとも言っていないし、二一世紀の荒波を乗り越える新人を送り出している訳でもない。たまたま企業の新卒採用が活発なのでこうした問題点が露呈しないで済んでいるだけの話なのだ。

ノーベル賞が日本から出なくなる日

そうは言っても今、日本からは毎年のようにノーベル賞受賞者が輩出されている。二〇一二年にiPS細胞を発見した山中伸弥氏、二〇一六年にオートファジーの仕組みを解明した大隅良典氏、二〇一八年には免疫チェックポイント阻害因子の発見により本庶佑氏が、生理学・医学賞を受賞した。

日本はアジアにおけるノーベル賞の受賞者数では圧倒的トップである。中国は約一四億人の人民がいながら、日本に追いついていない。しかし日本の大学の研究開発力が確実に落ちているため、日本がアジアでトップの座に座り続けることは難しいだろう。

またノーベル賞で評価されるのは数十年前の業績であることが多い。日本の大学が競争力を取り戻せないのであれば、いずれノーベル賞の受賞者がほとんど出なくなる国になるのではないかと私は危惧している。

海外のトップ大学は、ノーベル賞の獲得に対しても貪欲だ。私が過去にホードメンバーを五年務めたマサチューセッツ工科大学（ＭＩＴ）の例を紹介したい。

ＭＩＴのキャンパスには、ノーベル賞受賞者がゴロゴロいる。ここに在籍する教授だけでも日本のノーベル賞受賞者の累計数より多く、廊下を歩いていると頻繁に著名な教授たちとすれ違う日々だった。

理由は簡単である。ＭＩＴでは大学の魅力を高め、他校との競争に打ち勝つために世界中から積極的にノーベル賞の受賞者を採用しているからだ。

ＭＩＴの戦略は徹底している。同校の経営陣は、雑誌「ブルームバーグ ビジネスウィーク」で公開される大学ランキングで三位以内に入ることができない学部の存在を認めず、大学が求めるレベルになるまで徹底して授業の改善を図るのだ。

ランキングで三位以内にない学部があれば、その学部の教授は警告を受け、三年程度の猶予が与えられ改善を要求される。その期間内に三位以内にできなければ即交代だ。できなければすぐさま外部からレベルの高い学生を吸引できる教授が代わりに採用される。

一方、日本の大学はどうか。以前、私はある国立大学の総長から相談を受けたことがある。

だが話を聞くと彼らには未来に対する具体的な展望がまったくないことが分かり呆れ返った。大学の魅力や競争力を高めるための具体的な展望がない上に、卒業生である私に対して、「何かいいアイデアをください」とお願いするばかりで、話をいくら聞いても、「今のぬくぬくした環境にとどまる方法を知りたい」という気持ちが透けて見え、ＭＩＴの真剣さに比べるべくもなかった。

「図書館をつくれ」と言う役人

私が学長を務めるＢＢＴ大学は、小泉政権の時代に行われた構造改革特区の制度により、二〇〇五年に東京都千代田区に開学した教育機関だ。

インターネットを利用し、最先端の教育システムを構築した大学院と大学だが、当時は特に革新的であったためある問題にぶつかった。文部科学省の定める「学校設置基準」である。

ＢＢＴ大学は、文部科学省の認可を受けた学校法人で学校設置基準に準拠することが求められるが、この設置基準が実に不条理なルールに満ちているのだ。

ＢＢＴ大学では、独自の遠隔教育システムである「ＡｉｒＣａｍｐｕｓ」を用いた授業を行うのが特徴だ。世界中どこにいてもオンラインで受講できるため、忙しいビジネスパーソンは自分の時間に合わせて無理なく学習することができる。つまり、学生が授業を受けるため校舎に集まる必要は基本的にないのだ。

このような実態にもかかわらず、文部科学省の役人は、「図書館を設置せよ」と言ってきた。私は「この建物に学生はいない」と説明したが、役人はルール上譲れないと言い張るのだ。

苦肉の策として、私は自分が読み終えた本や、寄贈された本などを校舎内に並べることにした。いつもなら捨てる本の類いを取っておいて書棚を埋めたところ、ようやく合格となった。役人にとっては、目的や効果よりも、形式こそが大切なのだろう。

このほかにも、学生が建物にいないのに「医務室をつくれ」「生活指導員を置け」など不条理なことを言われたこともある。

そのうち「運動場をつくれ」などと言われるかもしれない。千代田区のように日本一地価の高いところに運動場をつくるとなると、私たちはたちまち経営破綻してしまう。

まったくおかしな話だが、BBT大学のようにビジネスパーソンを育てる学校も、高校を卒業したばかりの学生をキャンパスに集める大学も同じルールで運用されている。全てインターネットで教えているのに、それを対象としたカテゴリーが文科省にはないのだ。だから我々は通信制大学という範疇に入るらしく、郵送でやりとりする大学に対する設置基準が適用されるらしい。文科省に関する限り「サイバー」というカテゴリーはまだ存在していない、というのが実情だ。

集まる生徒が異なれば、適用するルールも違っていいはずだが、現在の日本のルールは現状を無視している。我々が二一世紀を生きるビジネスパーソンのためにサイバー教育の仕組みをつくったのに、彼らは古びたルールを持ち出してくるので、ずっと足を引っ張られているような感覚があるが、受講生や誇り高き卒業生のためにも負けるわけにはいかない。

古いアカデミック重視が招いた教員不足

大学を評価する仕組みにも違和感を感じている。文部科学省はドクターの人数や論文の数を重視しているが、ビジネスパーソンにとってそうした評価軸はほとんど意味を持たない。

文部科学省が大学に対して期待するのは、簡単に言えば「アカデミックである」ということだけだろう。しかし、彼らの言うアカデミックは何のために存在するのだろうか。中南米のトンボの目の動きを研究している教授はアカデミックなのかもしれないが、ビジネスに直接役立つことを教えることはできない。

アカデミックな世界に生きる彼らは、大学院から下積みを経て講師や准教授になり、教授になっていく。この経過の中で世間と関わることはほとんどない。むしろ世の中で最も遅れている人たちと考えるべきだろう。研究者としていかに高く評価されていたとしても、リカレント教育の観点から見ると二一世紀の教育者としては不適格だ。

Ｇｏｏｇｌｅが誕生して二〇年経ち、中国も鄧小平の改革開放路線から四〇年を経て大きな変貌をとげている。そういった変化の中で、日本の大学教授は相変わらずアメリカ有名教授の説を輸入・解説したり古くて使えない〝独自の〟研究を続けているのだ。

その結果、彼らから学んだ学生たちは総じてＩＴスキルが低く、英語もできないドメスティックな人材ばかりとなってしまった。

これが、文部科学省が行ってきた教育の結末だ。欧米に追いつけ、追い越せ、の時代にはそれでも何とかなったが、平成も終わりを告げ令和の時代を迎えたのに昭和と変わらない教育のままである。我々のようなビジネスの現場にいる人が、デジタル・ディスラプション時代にふさわしい教育のあり方を示していかなくてはならない。

文部科学省が定める教育方針の限界（図8）

日本においてリカレント教育の重要性はまだ十分に認識されていないが、世界的に見ると社会人になってからの学び直しは当たり前の現象だ。

日本の文部科学省が公表している「高等教育の将来構想に関する参考資料」には、二五歳以上の「学士」課程への入学者の割合が示されている。この統計を見ると、トップのスイスは実に二九・七％もの人が大学における学び直しを経験している。

スイスは多くのグローバル企業を生み出しているし、二位のイスラエルも、イノベーティブなスタートアップを生み出している国だ。これらの国ではリカレント教育の貢献が推察できる。

日本に目を移すと、リカレント教育の割合が二・五％しかなく、トップのスイスと比べると

図8 25歳以上の「学士」課程への入学者の割合の国際比較
（2015年）

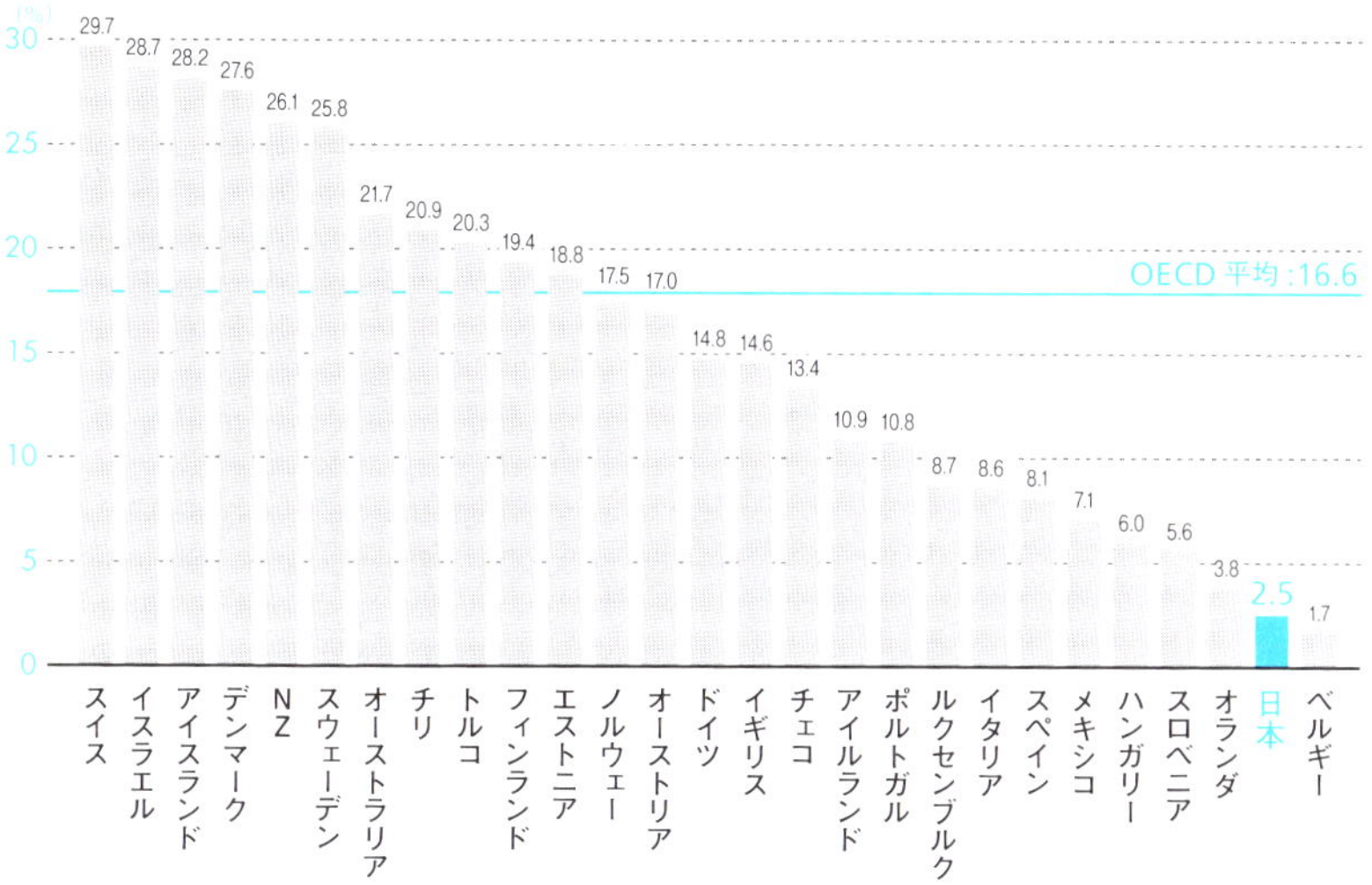

出所：文部科学省「高等教育の将来構想に関する参考資料」©BBT Research Institute All rights reserved.

一〇倍以上の開きがある。日本はベルギーに次いでワースト二位とOECD平均の一六・六%と比較しても、圧倒的に低い。

日本において生涯を通じて学ぶ姿勢をつくるためには、まだ高いハードルが存在するが、それには子どもの頃からの教育が影響している。

日本では文部科学省に置かれている「中央教育審議会」（中教審）が教育方針を策定しているが、こちらにも根深い問題がある。

中教審による検討を取りまとめた新学習指導要領の内容を見たとき、本当に驚いた。デジタル・ディスラプション時代を生きる子どもたちを教育する内容であるべきなのに、時代背景を捉えたものではなかったからだ。

新学習指導要領は、二〇一八年度に幼稚園で全面実施され順次、小学校、中学校、高等学校へと広がっていく。高校の場合、二〇二二年度から実施されるので、二〇一八年時点の小学六年生が高校生になったときに新学習指導要領に基づく教育がなされることとなる。

新学習指導要領には、「知識の理解の質をさらに高め、確かな学力を育成」「知・徳・体にわたる『生きる力』を子供たちに育む」といった美辞麗句が並んでいるが、具体的にどんな教育を行おうとしているかは、ほとんど分からない。

新学習指導要領による教育を受けた高校生が三五歳になるのは、二〇四〇年頃でシンギュラリティが起きている可能性もある。本来であればそういった時代を取り巻く環境変化を考え、活躍できる人材を育てることが教育上の重要なテーマであるべきだ。

シンギュラリティが起きると、今、人間が行っている仕事の大半はAIやロボットに置き換えられるため、人間には発想力や問題解決力がかつてないほど求められるようになる。

そのような時代に、みなが一律に歴史年表を覚えたり、元素の周期表を暗記したりしていても、何の役にも立たない。文部科学省は、新学習指導要領により、「対AI競争力」を身につけることができると本気で考えているのか、甚だ疑問だ。コンピューターにできない人間独自の能力を従来の何十倍も真剣に身につけなくてはいけない。そのような能力の開発は、まさに中教審の対象としている今の義務教育を受けている世代から始めなくてはいけない。新学習指導要領のどこを探してもそうした能力の格段の開発について書かれていない。教師が感じる現場での不具合を直していこう、という程度の認識なのだ。

セオリー・オブ・ナレッジ

私が会長を務めるBBTでは、幼児から一二年生（高校）までの子どもたちを対象とした教育事業として、アオバジャパン・インターナショナルスクール（以下、アオバ）を運営している。

アオバでは、「国際人になるための生徒一人ひとりの可能性、潜在能力を最大限に引き出すこと」を理念に置いた教育を行っている。また、アオバは国際バカロレア（ＩＢ）の認定校だが、特定の生徒には追加でＩＢのカリキュラムによる学習サポートを提供しているのも特徴だ。

ＩＢはスイスのジュネーブに本部を置く非営利団体だが、ＩＢのカリキュラムを受け、大学入学資格（国際バカロレア・ディプロマ資格）を得ることで、世界中の大学に進学をする道が開かれている。

ＩＢの点数により、無試験で（大学によっては、オンラインでの口頭試験などを課す場合もある）名門のオックスフォードやケンブリッジといった学校に入ることもできるなど、非常に高い評価を受けている資格である。

ＩＢにおいて中心的な科目となっているのが、「セオリー・オブ・ナレッジ」（知の理論）。理性的な考え方や客観的精神を養う基本理論であり、社会人にとって必要な論理的思考力の素地となるものだ。

残念ながら日本の大半の学校にはこれに対応する科目が存在しない。だが、何らかの問題に直面したときに、それらに対して論理的に考え解決策を見出していく思考を学ぶことは、これからの時代に不可欠となる。

私がかつてマッキンゼーにいた頃、社内外で頭角を現すことができたのは、まさにこうした問題解決力のおかげだと自負している。このように子どもの頃からセオリー・オブ・ナレッジを身につけることは、非常に意義のあることなのだ。

厳しい審査をクリアできる教員の条件

ＩＢの認定校になるためには、国際的な審査を受ける必要があるが、この審査が実に厳しい。アオバジャパン・インターナショナルの授業をＩＢに審査してもらっていた頃のことは、今でも鮮明に覚えている。あるとき授業をする教師を観察していた審査官が突然「あの教師は駄目です」と言い出したのだ。

審査官に理由を聞くと、「教科書を使って教えているから」と答えた。日本では学習指導要領が存在するため、教科書に沿った教育をしなくてはならないという事実を審査官に伝えたところ、「それは全体主義国家のやり方だ」と返されてしまった。要するに、ＩＢが目指すのは、答えがない世界に何とかして自分なりの答えを見つけ出す人材を育てるということなのだ。そこに教科書は必要ない。

先生の自分なりの考え方を示しながら、生徒に自発的に答えを導き出してもらう。生徒が二五人いれば二五通りの答えがあって然るべきで、その後はクラスでどれが正しいと思うかという討論が始まる。国際的に活躍するということは、このような局面で皆がなるほどと言ってくれるような考え方を提案し、議論が粉砕したときに皆がそうだと言う解決策を打ち出せることだ。日本人は、答えが存在する世界を前提とし、それに追いつけ追い越せでやってきた。デジタル・ディスラプション時代になる前の話である。当時はまだ、マニュアルに沿って動くことは有効で、教科書に沿った教育にも一定の効果はあったが、時代は大きく変わってしまった。

結局我々は、ＩＢの認定校の基準を満たす世界標準の教員をアジア中から探して採用した。その結果、アオバジャパン・インターナショナルでは二〇一八年の卒業生一三人のうち、一一人がＩＢＤＰ試験を受験し、九人が国際バカロレア・ディプロマ資格を満たしてインペリアル・カレッジ・ロンドンなどの国内外の一流大学に合格したのだ。

優秀な教師を集めるために支払う給料は高くなったが、高いクオリティの教育を施すために必要な費用と考えるべきで、世界中から優秀な教員を集めるというのはそういうことなのだ。

使えない大卒者を増やしてはならない

適切な教育を行えば、日本からも世界に通用する優秀な人材をつくり出すことができる。

インターネットのエンターテインメント事業を手がけるドワンゴは、優秀な中学生、高校生をゲームクリエイター候補として目をつけ、他社に先駆けてインターンで働かせている。

過去にゲームソフトウェア会社のスクウェア（現スクウェア・エニックス）で社外取締役を務めていた経験からも、ゲーム業界では若い子にいちはやくリーチすることが大切だと実感している。私は、大学の新卒者よりも、まだ日本の教育環境の悪影響を受けていない中高生に活躍する可能性があると考えている。ドワンゴも、おそらく同じような考えを持っているからこそ、このようなアプローチを行っているのではないだろうか。

今の時代、いい成績でいい大学に行った連中ばかりを組織に揃えても何の意味もない。むしろ、大学を出たという理由だけで高待遇を望む「甘い考えの人」を集めると、終身雇用が根強い日本企業にとって長期的には重い負担を背負うことになる。

使えない新卒者ではなく、何らかの分野に秀でた人材を中学や高校の頃からスカウトした方がよほど役に立つ。日本の若者は、単に学校の成績を伸ばすだけよりも、クラウドワークスなどに登録して仕事を経験し、とがったスキルを持つ方がよほど評価されるようになるだろう。

日本はすでに人不足に陥っている。年間に三〇万人ずつ移民を増やさないと、もはや他の先進国に追いつかないと私は思っているので、無駄な人材を育てている余裕など微塵もないはずだ。

本気で今の教育内容を見直さなければ、日本の競争力は失われる。少なくとも本書を読まれる人たちは、「自分だけはそうならない」という覚悟を持ち、これからの学びを深めてほしいと心から願っている。

「稼ぐ力」こそ、最高の貯金（図9）

日本のビジネスパーソンでリカレント教育を受けたい人は、かなりの数を占めるのではないか。このような実感を私は持っているが、エン・ジャパンの調査で、リカレント教育を受けることを希望する人が九〇％に上るという結果も出ている。

学びたい内容は「英語などの語学力」「経営・ビジネスに必要な知識や能力」のような実践的・実務的なテーマが多く、ビジネスパーソンも今の時代にこういった使える学びが必要であることを認識しているようだ。

図9　リカレント教育を受講するに際しての懸念

Q:「リカレント教育を受けたいですか？」(N=2,204、35歳以上)

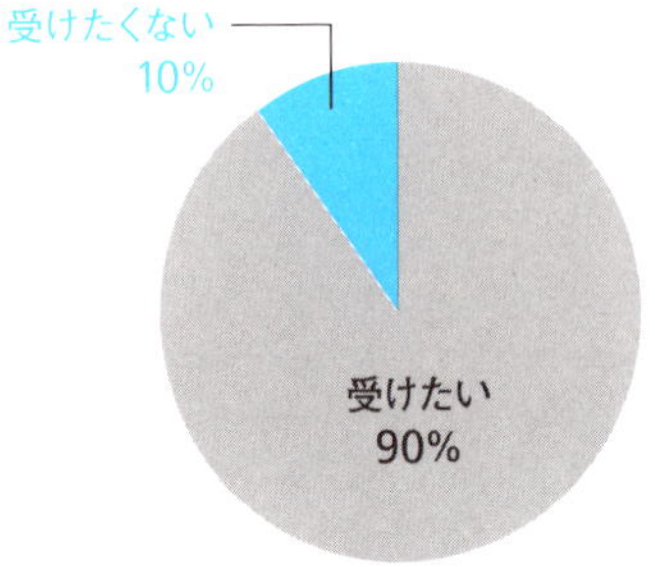

リカレント教育で学びたいこと

- 英語などの語学力　58%
- 経営・ビジネスに必要な知識や能力　57%
- 専門的な資格の取得　48%
- マネジメント　35%
- プログラミング等のIT関連スキル　24%
- 学位の取得　13%
- リベラルアーツ　8%

Q:「リカレント教育を受ける上での課題を教えてください(MA)」

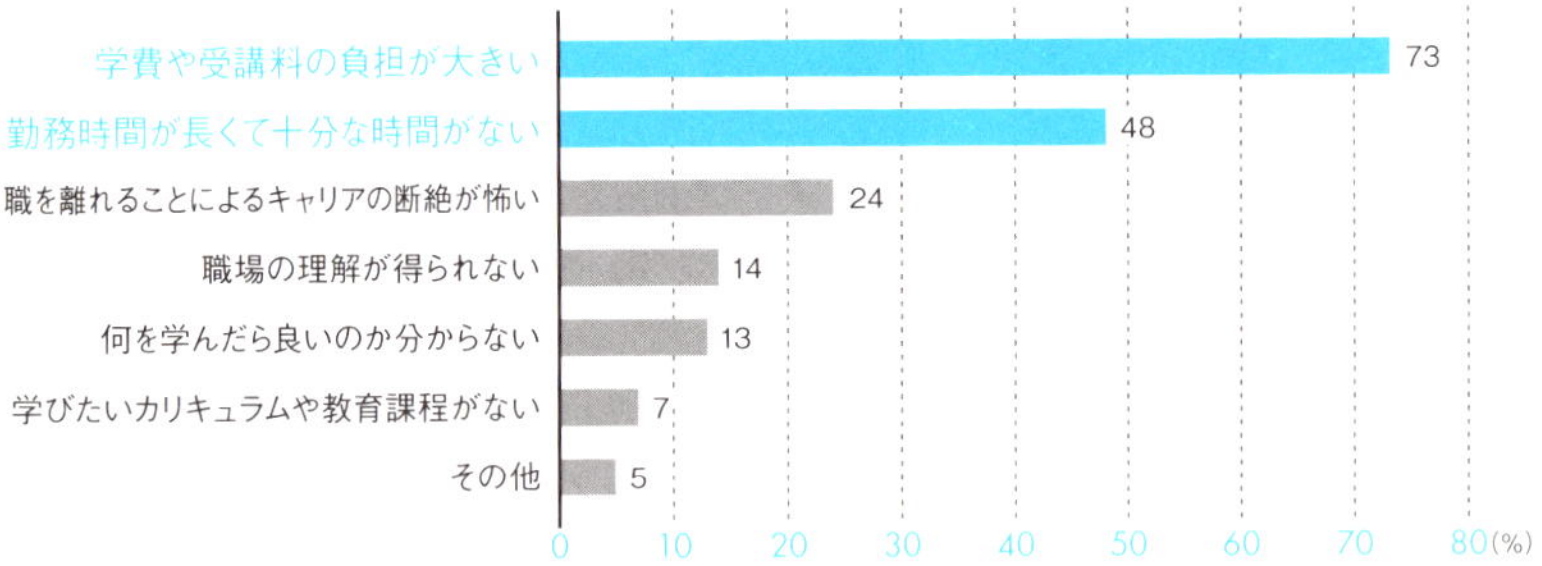

「稼ぐ力」が最高の貯金!

- 最後の40年のためにリカレント教育というのはそもそもナンセンス
- 時代に淘汰されない「稼ぐ力」が最高の貯金!という認識を持つ必要がある
- その稼ぐ力を磨くのがリカレント教育の役割
- そもそも、大学ではそれを教えていないし、今大学に戻っても教えてくれるところはない。大学の先生に稼ぐ力はない

出所：エン・ジャパン「35歳以上のミドルに聞く『リカレント教育』」、より作成

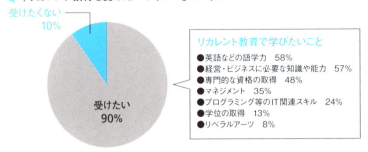

昨今はリベラルアーツにも注目が集まっていて、リベラルアーツの必要性は感じるものの、まずはデジタル・ディスラプションの時代を生き残るために直接役立つ実践的・実務的な内容をしっかりと勉強させるべきである。

これほどリカレント教育へのニーズが高いにもかかわらず、現状においてまだそれほど実行されていないのはなぜか。アンケートの結果から、学費や時間の問題が大きいことが見てとれる。たしかに、給料が伸び悩む状況では、大学に入り直すというのはハードルが高く感じられるだろう。一方、大学の方でも時代に合わせたものになっていないので、学び直すと言っても、すぐに大学、とはならないのは無理もない。

しかし、だからといって漫然と同じ会社に勤め、新しい学びを行わないといずれ自分自身が困る結果になる。今は「ＭＯＯＣ」（インターネット上で誰もが無料で受講できる講義）を利用して学ぶこともできるし、クラウドソーシングのサービスに登録して余った時間で稼ぎ学び続けることも可能だ。ＹｏｕＴｕｂｅにおいて無料で見ることができる項目だけ拾っていってもかなりの勉強になる。用はカフェテリアと同じで、自分の食べたいものに対して手を伸ばして取ってこなければ、トレイは空っぽのままということになる。時代に淘汰されない「稼ぐ力」が最高の貯金だと意識を切り替え、是非学び直しに取り組んでほしい。

［第三章のキーワード］

THE（Times Higher Education）

イギリスのタイムズが新聞の付録冊子として発行する高等教育情報誌。世界大学ランキングを毎年公表している。

マサチューセッツ工科大学（MIT）

アメリカのマサチューセッツ州に本部を置く私立工科大学。全米屈指のエリート校であり、先端技術産業の中核的な役割を果たしている。

ブルームバーグ ビジネスウィーク

アメリカの大手総合情報サービス会社ブルームバーグが発行するビジネス雑誌。世界の企業等のランキングを発表している。

構造改革特区

第一次小泉内閣時に、規制緩和政策として実施されたもの。従来の法令等の規制では事業化が不可能だった事業を、特別に可能とする区域を指す。教育関連のほか、農業関連やエコロジー関連など複数の分野がある。

学校設置基準

学校教育法などに基づく各種学校が満たすべき基準。文部科学省の省令により定められる。

改革開放路線

中国の鄧小平体制のもとで進められた中国国内体制の改革や対外開放政策を指す。経済特区の設置や、先進技術の導入などにより中国の近代化を推し進めた。

中央教育審議会（中教審）

文部科学省に設置された諮問機関。教育の振興や生涯学習の推進を中核とする重要事項を調査審議することを主な役割としていて、学識経験者により構成されている。

新学習指導要領

中教審の諮問を受け、取りまとめられた学習指導要領の改訂版。平成三〇年度から幼稚園にて全面実施を開始し、今後小学校・中学校・高等学校にて順次展開される。

国際バカロレア（IB）

ジュネーブに本部を置く国際バカロレア機構が提供する国際的な教育プログラム。グローバルに活躍できる生徒を育成し、未来へ責任ある行動を取るための態度やスキルを身につけさせるといった特徴がある。認定試験により「国際バカロレア資格」を取得した場合、世界の大学進学のルートになる。

第4章

リカレント教育発祥の地　スウェーデン（図10）

ここからは、世界のリカレント教育を取り巻く環境を紹介する。日本にとってもリカレント先進国の成功事例に学ぶ意義は大きいからだ。

リカレント教育に最も力を入れている北欧諸国は、ＥＵ各国の中でも国際競争力が高く、経済にこの教育がいい影響を及ぼしていることは明らかだ。

リカレント教育が世界に広まるきっかけをつくったのは、当時スウェーデンの文相で後に首相になったオロフ・パルメ氏である。元々、スウェーデンには生涯にわたって教育を受ける文化が根づいていて、政府による労働市場への関与も積極的だった。

この思想が表れているのが、スウェーデンの「ライフパズル」という考え方である。ライフパズルは、人生の枠組みに、仕事やキャリア、家族などをパズルのピースのようにあてはめ、さまざまな選択肢を個人の希望や状況によりアレンジしていくというものだ。

スウェーデンでは、社会全体において男女を問わず子育てや介護に積極的で、学び直しで大学に戻ることが当然のように行われている。男性も夜七時までに帰宅して家族と過ごしたり勉強したりするのが日常的で、日本がワーク・ライフ・バランスと言い始める前から、こうしたライフスタイルが根づいていた。

図10　EU各国の成人向け教育と積極的労働市場政策の傾向

［リカレント教育への積極度合］
高
↓
低

区分	国名	内容
北欧型	デンマーク、フィンランド、スウェーデン	●強力な生涯教育の文化、成人の高い参加率 ●積極的労働市場政策への高い支出
大陸型	ベルギー、ドイツ、フランス、ルクセンブルク、オランダ、オーストリア	●生涯教育への参加は中〜低度 ●積極的労働市場政策への支出は中程度〜高い
アングロサクソン型	アイルランド、イギリス	●生涯教育の状況は国ごとに異なる ●積極的労働市場政策への支出も国ごとに異なる
地中海型	ギリシャ、スペイン、イタリア、キプロス、マルタ、ポルトガル	●生涯教育の文化は弱く、成人の参加率も低度 ●積極的労働市場政策の支出は国ごとに異なる ●低資格層が大きな課題・強い雇用保護、労働市場に硬直性
中東欧型	ブルガリア、チェコ、エストニア、ラトビア、リトアニア、ハンガリー、ポーランド、ルーマニア、スロベニア、スロバキア	●生涯教育の文化は弱く、成人の参加率も低度 ●積極的労働市場政策への支出も低度 ●新規EU加盟国向け補助金が失業者向け訓練の整備を促進

出所：労働政策研究・研修機構「北欧の公共職業訓練制度と実態」

スウェーデンは五〇％以上の税金を徴収する高負担国家であるとともに、社会保障制度が充実した高福祉国家だ。これも、同国でライフパズルが生まれた背景としてある。スウェーデンの人口は一〇〇〇万人程度と少ないので、高いレベルの福祉を実現するためには、就労と教育を繰り返し、生涯にわたって国民に働いてもらう仕組みが必要だったのだろう。

日本も、今後は少子高齢化に伴い就労人口が減少するだけでなく、社会保障費も増大していくのでスウェーデンのように、ライフパズルを描きながら人生を構築していく視点が求められる。

リカレント教育の文化がＨ＆Ｍを生んだ（図11）

スウェーデンから生まれたファストファッションのグローバルカンパニーが、「エイチ・アンド・エム　ヘネス・アンド・マウリッツ」だ。

同社が手がけるファッションブランド「Ｈ＆Ｍ」は日本でも新宿や渋谷などで大きく展開されているので、ご存じの人も多いだろう。ちなみにＨ＆Ｍの店舗は世界中に三〇〇〇以上ある。

同社の強さの源は、非常にしっかりとした人事制度にある。社内昇進を軸とした人事制度を構築し、トレーニング、コーチング、メンタープログラムにより徹底的にリーダーを育成しているのだ。出産や育児に関する休暇制度等も充実していて、有休の取得率も一〇〇％が当たり

図11　スウェーデンの「ライフパズル」

> 人生もキャリアも状況変化やタイミングに応じて、さまざまな選択肢のピースを柔軟に組み上げていくパズルのようなもの、とする考え方

ライフパズルの背景にある思想・制度

- 高福祉・高負担
- フレキシキュリティ（積極的労働市場政策）を導入
- 小国で人口が少ないため、国民には就労と教育を繰り返しながら能力を高めつつ長く働いてもらう

ライフパズルの一例

- 男女を問わず、キャリアの途中で子どもを育てたり、介護をしたり、学び直しに大学へ戻ったりする
- スウェーデンで勤務する男性は、夜７時までにほとんどの人が帰宅。家族と過ごしたり勉強する時間を確保

スウェーデン企業のリカレント教育

H&M（アパレル／スウェーデン）

リカレント教育	●有給休暇の取得率は100％を超えておりワーク・ライフ・バランスを重視。産前産後休暇と育児休暇制度も充実しており、大学で学び直しを行いながら30年以上勤務する社員も少なくない
英語	●社内の公用語は英語。語学力が不足している社員にはトレーニングや海外研修を実施 ●語学スキルに応じてキャリアアップできる。海外店舗のオープニングフォローとして出張したり、希望によっては海舗へ転勤することも可能 ●本社勤務は他国とのやりとりが多数発生するため、語学スキルの高い社員ほど本社勤務になる
リーダーシップ	●リーダーは社内から選考・育成する。トレーニング、コーチング、メンタープログラムを提供して、能力開発をサポートする

出所：川崎一彦『みんなの教育　スウェーデンの「人を育てる」国家戦略』ミツイパブリッシングほかより作成

前である。

このような制度を活用し、大学で学び直しを行うことで同社に三〇年以上勤務する社員も少なくない。

H&Mがグローバルブランドになった背景には、社内の公用語を英語にしたことも大きい。特に他国とのやりとりが多く発生する本社には語学の堪能な社員を集めていて、語学力に応じたキャリアアップ制度も実施されている。

スウェーデンの公用語はスウェーデン語だが、社内では英語を使っているため、海外でビジネスを行う際にも問題なくコミュニケーションができる。語学力が不足する社員に対するトレーニングや海外研修も充実していて、働きながら必要なスキルを身につけるための仕組みも万全だ。

グローバル企業を生み出すフィンランド（図12）

同じく北欧のフィンランドは、今でこそノキアのグローバル展開や教育の充実などで知られるようになったが、一九九〇年代にはソ連崩壊に伴い大不況に陥り、ブルーカラーの失業率が崩壊前の五％前後から一〇％後半にも達するようなひどい状況を経験した。

当時のフィンランド政府が重点政策として大規模な予算を投じたのが、「教育」と「ハイテ

図12　フィンランドの教育改革の背景、内容、成果

教育改革の背景

- 北欧諸国では、1990年代初頭にソ連の崩壊に伴う大不況に見舞われ、失業率は二桁を超える水準に跳ね上がった
- フィンランドは、その対策として、「ハイテク研究開発」と「教育」に国の予算を重点投入
  - ・「教えられる教育」から「考える教育」にシフト
  - ・ノキアが携帯電話で世界一となる契機となった

教育改革の内容

初等教育

- 生徒自らが「考える教育」を重視
- 世界のリーダーになるためのリーダーシップ教育と年少期からの英語教育を導入
- 富と雇用を創出する優秀な企業を増やしていくために起業家養成に注力
- 少人数学習、グループ学習によって、落ちこぼれを出さないようなシステム

社会人教育

- フレキシキュリティ政策推進によって雇用流動化、職業訓練がセットに
- 大学を含めた各種社会人職業訓練プログラムの制度設計

教育改革の成果

- OECDのPISA学力調査ランキングでは常に上位を維持
- WEF*の「健康と初等教育」の評価項目では世界トップ
- IMDの世界競争力ランキングでも上位に連なる

- 30歳以上の「修士」課程への入学者の割合が55.5%と世界トップクラス
- ノキアの携帯事業の業績悪化後でも、起業家を多数輩出

*World Economic Forum TheGlobal Competitiveness Report2017-18,(Health and Primary education)の項目

出所：大前研一『クオリティ国家という戦略』ほか各種資料より作成

ク研究開発」である。

今ではフィンランドの子どもたちの学力は世界一といわれるほど注目を集めているが、かつてはフィンランドの教育も日本と大きく変わらず、知識重視型の「教えられる教育」だった。これが、政府の方針転換により「考える教育」にシフトしたのだ。

初等教育においても英語教育やリーダーシップ、起業家養成プログラムを導入し、国際的にリーダーシップを発揮させるための下地となる要素を身につけさせている。少人数学習やグループ学習も取り入れて、落ちこぼれを出さないシステムを構築することで、トップの子どもたちを伸ばすと同時に全体的な底上げにも成功しているのだ。

一連の教育改革の結果、フィンランドはＯＥＣＤによる学習到達度調査「ＰＩＳＡ」ランキングでも常に上位を維持し、世界から教育トップの国という評価を得ている。

このようにフィンランドの高い質の初等教育に注目が集まっているが、それ以上に社会人になってからも積極的に学び直しを行っている点に注目すべきだ。同国における三〇歳以上の修士課程への入学者の割合は、五五・五％と世界トップクラスでリカレント教育は当たり前のようにフィンランド国民に定着しているのだ。

幼少期からの起業家教育

フィンランドの初等教育で、特に重要と思われるのが幼稚園から起業家養成につながる教育が実施されていることだ。

ここでも「考える教育」は徹底されている。子どもたちは先生にマーケット（市場）に連れて行かれ、そこで働く人たちがどのように生計を立てているかを考えさせられる。こういった課外授業においても子どもたちに議論をさせ答えを導き出させるので、先生はファシリテーターの役割にしか過ぎない。

こうした授業を通じて、子どもたちは単に知識をインプットするのではなく、ディスカッションを通じて自分自身の頭で考えるようになる。たとえば、「腐った野菜は商品にならない」「利益を出すには仕入れや販売の管理をしなくてはならない」といったようなことがマーケット（市場）の現場で考えさせることによって徐々に分かってくるのだ。

起業家のマインドが幼稚園から身につくのは驚きだが、初等教育から考える授業はさらに徹底され、それらが繰り返されることで子どもたちの能力が高まっていく。

言語教育においても、フィンランドは先を見据えた改革を行っている。大学を英語化し、海外から教師や学生を呼び寄せているのだ。

フィンランドの公用語であるフィンランド語は、ヨーロッパの中でも特に理解が難しい言語とされる。言語のルーツが中央アジアのフン族にあり、インド・ヨーロッパ語族とは異なる文法体系であるため、外国人にとってフィンランド語を理解することは容易ではない。

徹底した英語化への取り組みは、グローバル企業のノキアを生み出すという素晴らしい結果を生んだ。ノキアはかつて世界最大の携帯電話端末メーカーで、今は5Gなどの通信インフラの開発を主に手がけている。

ノキアの携帯電話端末事業は、世界中でスマートフォン端末が台頭する中で業績が悪化したが、このことがフィンランドに前向きな影響をもたらした。かつてノキアの携帯電話端末事業に携わっていた人々が、ヘルシンキ周辺で次々に新たに起業しているからだ。

フィンランドの教育を受け、ノキアのグローバル事業の経験を培った彼らが、新たなグローバルビジネスを生み出す可能性も十分に考えられる。一企業によるリカレント教育が国の力に波及しているいい事例だ。

デンマークの「雇用制度・労働市場」（図13）

デンマークにおいては、「フレキシキュリティ」がキーワードとなる。

図13　デンマークのフレキシキュリティ（黄金の三角形）

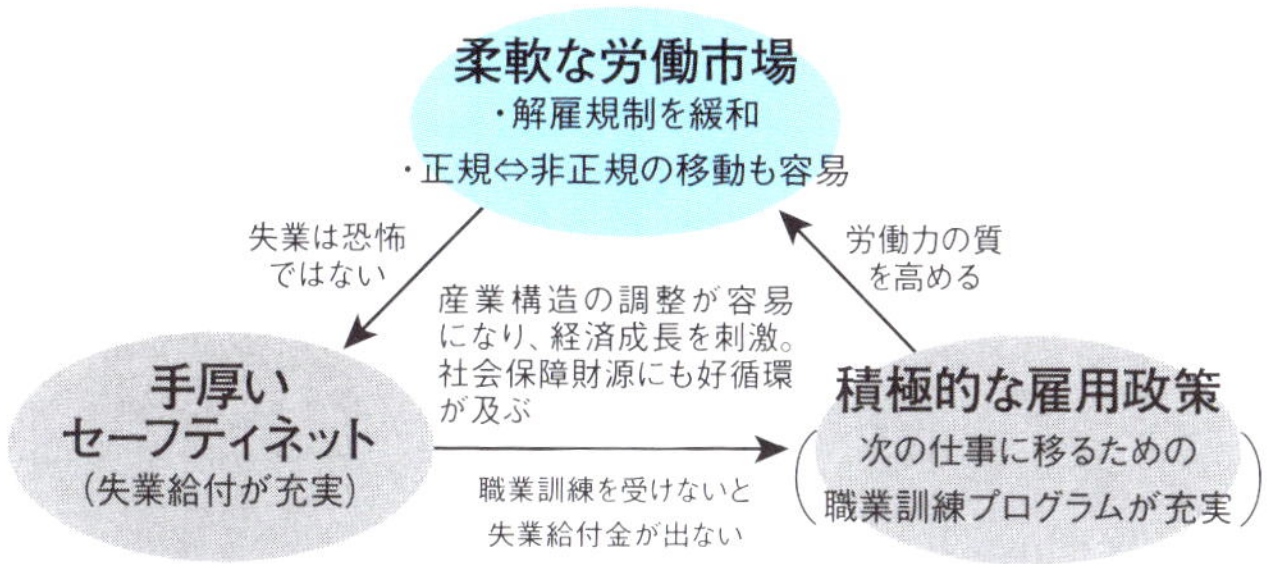
柔軟な労働市場
・解雇規制を緩和
・正規⇔非正規の移動も容易
失業は恐怖
ではない
労働力の質
を高める
産業構造の調整が容易
になり、経済成長を刺激。
社会保障財源にも好循環
が及ぶ
手厚い
セーフティネット
（失業給付が充実）
積極的な雇用政策
次の仕事に移るための
職業訓練プログラムが充実
職業訓練を受けないと
失業給付金が出ない

- 1994年から雇用規制を緩和
- 一方で失業給付の期間を最長で2年間、給付額を前職手取りの6〜8割（低所得者は9割前後）にまで引き上げる
- 失業者が給付を受け取るには職業訓練プログラムへの参加が「義務」となる

ドイツの雇用制度・労働市場改革

シュレーダー改革

- 2003年、シュレーダー首相は「アジェンダ2010」と呼ばれる、雇用改革と社会保障改革についての大胆な構造改革策を打ち出した
- 解雇規制を緩和する一方で、失業給付期間を延長、就業訓練の拡充にシフト
- その結果、「欧州の病人」と呼ばれていたドイツ経済が、今日では欧州最強となる基盤を築いた

- 古い技術の下で働いていた労働者を、新しい技術の下で働けるよう、再教育・再訓練を行う必要があるという認識は北欧諸国やドイツともに一致していた
- 今の日本で解雇規制を緩和したとしても、職業訓練所や大学がデジタル化に対応した教育を提供できなければ、学び直しの効果が期待できない可能性がある

出所：日経ビジネスオンライン、労働政策研究・研修機構、などより作成

これはフレキシビリティ（柔軟性）とセキュリティ（安全性）を合成した言葉で、デンマークの労働政策と密接に結びついている。

解雇規制を緩和して柔軟な労働市場をつくりながら、失業給付などのセーフティネットや、職業訓練プログラムなどの雇用政策を行い安全性も高めるという施策をセットにしているのだ。

デンマークでは、「柔軟な労働市場」「手厚いセーフティネット」「積極的な雇用政策」の三つを「黄金の三角形」とし、それぞれを関連させることで自国の経済を刺激している。

トライアングルの各項目を詳しく見ておきたい。

まず「柔軟な労働市場」は、一九九四年から実施された雇用規制緩和が始まりである。ここから、正社員と非正規社員の行き来が容易になり、子育て中など時短ライフステージに応じた働き方が可能となった。

次の「手厚いセーフティネット」は、失業給付の充実ぶりからもうかがえる。

失業給付は最長で二年間にわたり受け取ることが可能で、給付額は前職の手取りの六割から八割程度（低所得者は九割前後）を保証されているため、失業は恐怖ではない。じっくり自分のキャリアを見つめ直し、必要な学びを得ることができるチャンスにもなるからだ。

最後の「積極的な雇用政策」は、官民による職業訓練プログラムにより実施されている。ビジネスや技術などをスクール（学校）で身につけることができるため、キャリアチェンジのきっかけとなる。

一番のキーは、「充実した失業給付を受けるためには、職業訓練プログラムを受けなくてはならない」点だ。単に職業訓練だけを充実させても、実際に受けてもらわなくては意味がないからだ。この点からも、職業訓練を失業給付の条件としたデンマークの賢明さがうかがえる。

「EUの優等生」に変貌したドイツ

デンマーク同様、大胆な雇用改革と社会保障改革により大復活を遂げたのが、ドイツである。歴史を遡ると、二〇〇〇年代前半のドイツは、「欧州の病人」と呼ばれていた。当時のドイツ経済は、低迷を続けＧＤＰの成長率も１％程度で、ＥＵの足を引っ張る存在だったからだ。

ドイツ復活の要因はいくつかあるが、最大の問題は硬直化した労働環境で、今の日本と同様に労働者の権利を守ることが最優先され、企業は容易に社員を解雇することができなかった。

一九九八年に首相に就任したゲアハルト・シュレーダー氏の登場で情勢が一気に変わった。シュレーダー氏は、「アジェンダ二〇一〇」を掲げ、雇用改革と社会保障改革の二本立ての構造改革プログラムを断行したのだ。解雇規制を緩和する一方で、職業訓練や就労支援を積極的に進め、労働人口の流動化を促進した。

「もういらない人は外に出してください。社会問題として国が再教育を行いますので、企業は競争力を維持してください」という内容の文章を企業の経営者に送ったのである。

シュレーダー氏が所属するドイツ社会民主党（ＳＰＤ）は、労働組合が支持母体だった。これだけの大胆な政策を実行したのは驚くべきだが、結果としてこれがドイツ経済の起爆剤となった。

しかも、単に解雇を容易にしただけではなく、再教育を受けた人に対して政府から証明書を与えるなど公的な就業訓練の拡充も同時に進めた。つまり、国が責任を持って国民を再教育し、二一世紀の新しい産業で食べていく仕組みを構築したのだ。

こうやって過剰な労働コストから解放され、企業が息を吹き返したドイツは「ＥＵの優等生」と呼ばれるようになった。

シュレーダー改革は、痛みを伴うものだったため、労働者からの反発を受けて二〇〇五年の選挙に敗北、シュレーダー氏は退陣することになるが、メルケル首相の時代になり改革成果が表れてきた。自分自身の身を削り大胆な改革を行ったシュレーダー氏の行動を、自己保身に走り、雇用維持を企業に押しつけるだけの今の日本の政治家は真似できるだろうか。

大企業が担う社会的教育機能（図14）

　ドイツの特徴は、ドイツの大企業が社会的な教育機能を担っている点だ。特に情報技術分野ではその傾向が強い。情報通信等大手のシーメンスの代表的な事例を紹介したい。

　シーメンスの社員教育にかけるコストは、社員一人あたり年間一二万円にも上る。日本企業の平均はわずか年間一万三〇〇〇円程度なので、どれほど社員教育にコストをかけているかが分かるだろう。

　しかも、日本の社員教育といえば自社の社員だけだが、シーメンスでは、社員でなくとも教育を受ける機会を与えられる。これは、自社だけではなく産業全体を育成する考えがドイツの国民に根づいているためだ。教育する側も、日本のように会社だけで使えるノウハウを教えるのではなく、どの会社でも通用する知識を身につけさせるのである。

　教育手法もスマートフォンやパソコンを使ったeラーニングが中心で、忙しい社会人でも気軽に受講することが可能だ。

図14　日本企業教育の違い

年約1万3,000円 （日本企業の平均）	**社員一人に対する教育コスト**	年約12万円 （シーメンスの場合）
自社の社員のみ	**教育対象者**	産業全体
企業や業界内でしか通用しないノウハウ	**教育する内容**	どの会社でも通用する知識・スキル
OJTや座学中心	**教育手法**	スマホやPCを通じたeラーニング
		ドイツは企業が社会的な教育機能を担う

VW社の「未来を掴むプロジェクト」

- デジタル化を進めれば、同社の2万5000人の雇用に何らかの影響があるため、旧来技術の下で働く従業員に対し、新しい技術に関する再教育・再訓練を実施
- 同社全体のデジタル化を進めて競争力を高め、売り上げや雇用を増やし、結果的にVW社の雇用をさらに9000人増やそうという計画

デジタル化で影響を受ける部門の人材教育

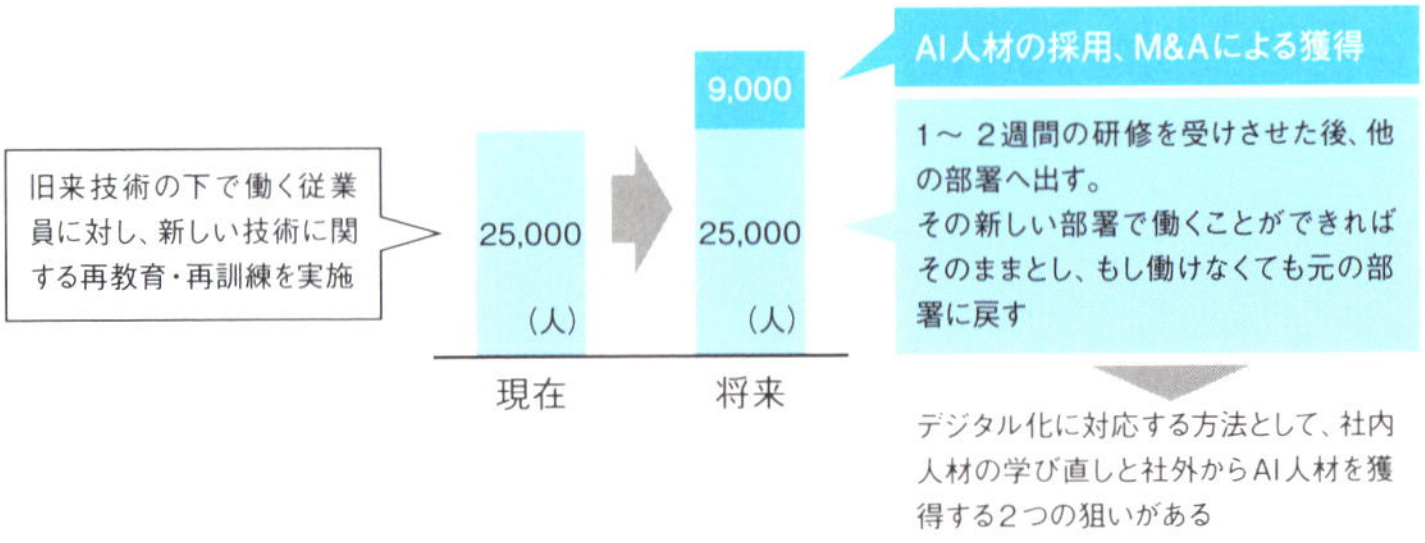

出所：日経ビジネスオンライン、労働政策研究・研修機構などより作成

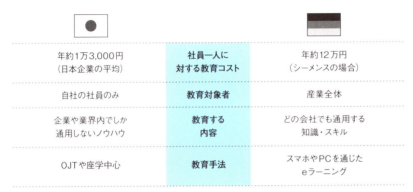

フォルクスワーゲンの教育

ドイツを代表する企業であるフォルクスワーゲン（ＶＷ）も、大がかりな企業教育を実施している。同社はデジタル化された未来を見据え、旧来技術の下で働く従業員に対して、新しい技術に関する教育を実施しているのだ。

この一連の取り組みは「未来を掴むプロジェクト」と名づけられているが、同プロジェクトでは、将来に必要となる社員数の試算も行われた。その結果、同社全体のデジタル化を進め競争力を高めるために、さらに社員を九〇〇〇人増やす計画も発表された。

日本だけでなくドイツにおいても自動車産業に身を置く社員は、今後の先行きに少なからず不安を感じている。そうした中で、会社が雇用を減らさずに世界で勝ち残るために社員を増やす方針を打ち出していったことは、社員のモチベーションアップにもつながるであろう。

社員教育は、会社からの社員に対するメッセージでもある。社員がポテンシャルを発揮し、企業の成長につながる好循環を起こすためにも、シーメンスやＶＷのような取り組みは極めて有効である。

ファーウェイの社員教育（図15）

今や社員教育に力を入れることは、グローバル企業にとって必須条件である。中国のスマートフォン製造大手のファーウェイ・テクノロジーズ（以下「ファーウェイ」）も、社員教育により競争力を高めている企業のひとつだ。ファーウェイは二〇一八年にスマートフォン出荷量でアップルを抜き世界二位に浮上するなど日本市場でもシェアを拡大している。私も今から二〇年も前に深圳に新設されたばかりの華為技術《ファーウェイ》を訪れて、技術者を中心に考える会社の方針に驚いた。その後、日本の経営者五〇名くらいを連れて再訪した時には、中国で最初にグローバル企業になるのはこの会社に間違いないと強く思った。

ファーウェイは紛れもない「ディスラプトする側」の企業だ。そのファーウェイが二〇一七年に日本でエンジニアを初任給四〇万円で募集したときにはニュースになった。日本ではエンジニアの初任給が二〇万円程度なので破格に感じられたのだろう。

しかし私は「日本人は馬鹿にされている」と思った。ファーウェイは中国の深圳では初任給七五万円でエンジニアを募集しているからだ。日本人は初任給四〇万円程度で喜んでいる場合ではない。

ファーウェイは社員の給与だけでなく、教育面でも実に手厚い施策を行っている。

図15　ファーウェイの社員教育

社内研修機関の設置

- 企業のナレッジシェアリング戦略として、「ファーウェイユニバーシティ」と呼ばれる社内研修機関や、世界45カ所にトレーニングセンターを設置
- 講師はベテラン社員で自身の業務経験を語り後輩の質問に答える。外部識者を招いた研修はわずか

新入社員には二人のコーチが必ずつく

- 一人は日々の業務の指導役。もう一人はファーウェイ社員としてどう働くべきか、若手の悩みに答えながら導くメンター。知の共有という文化はメンターによって入社初期に徹底的に刷り込まれる

「知のシェアリング」を義務づける

- 業務報告を直属の上司に提出するだけではなく全社員が読める形で所定のシステムに投稿することを義務化
- 他の社員はそれを必要に応じて読み、自分の業務に役立てる。もっと知りたければ投稿した本人に質問できる
- 「投稿が業務に役立った」という評価を受けた人は、人事評価に加点される

ファーウェイから学ぶ「社内研修」のあり方

ディスラプトする側

- ディスラプトする側であるファーウェイが実施する「社内研修（リカレント教育）」は効果が大きい
- ファーウェイは売上高の10％以上をR&Dに投資しており、社内に世界最先端の知見（IoT/AI等）が揃っている
- 社内に学ぶべきリソースがあるため、「リカレント教育」を内製化し、そのための人材、資金、場所を提供することが可能となる

ディスラプトされる側

- ディスラプトされる側の企業の古株社員が、若い社員に古い内容を教えても効果が期待できない
- クロトンビルでの優れた企業内研修を誇ったGEでさえも外部からCEOを招聘している
- 三越伊勢丹は、中高年社員に早期退職を提案し新卒社員を採用しているが、ECやフィンテックなどデジタル・ディスラプションについて教育できるか？

出所：週刊東洋経済2017/10/14ほかより作成

たとえば企業のナレッジ（暗黙知）をシェアするために、社内に「ファーウェイユニバーシティ」と呼ばれる研修機関を開き、世界四五カ所にトレーニングセンターを設置し、積極的にＩＣＴ人材の育成に取り組んでいる。

ファーウェイでは基本的にベテラン社員が講師となり、最先端の知識をシェアする。そして新入社員には必ず二人のコーチがつく。一人は日々の業務の指導役として、若手の先輩社員が担当する。もう一人は、若手の悩みに答えファーウェイ社員としてどう歩むべきかを説くメンターとしての役割が与えられている。

日々の業務に関する指導役を若手社員が担うのは理にかなっている。日本では古株社員が若い社員に業務を教えるのが一般的だが、これではＩＴに乗り遅れた古いやり方が身につくばかりで、新しいビジネスの流れからは完全に取り残されてしまう。

ファーウェイが今やアメリカが最も警戒する最先端企業として存在することができるのは、こうした社員教育制度に加え、社内の「知の共有」文化によるところも大きい。全社員が業務報告を所定のシステムに投稿するよう義務づけられていて、その内容を他の社員も読むことができる。これにより、自分の業務の必要に応じて他者の経験知を取り入れることができるのだ。

日本の会社の場合、業務報告を行うのは直属の上司のみで何か問題が起こったとしても上司から指摘されるだけである。ファーウェイの場合、常に社内のナレッジは蓄積されていて、さらに詳しく聞きたければ直接本人に質問することもできる。

興味深いのは、「投稿が業務に役立った」という評価を受けた人は人事評価に加点される点だ。こうした仕組みが存在すると、社員は社内の「知の共有」にますます積極的になるだろう。

世界の潮流と逆を走る日本（図16）

ここまで見てきたように、現代においてグローバル化で高いプレゼンスを誇る国や企業では、政策と企業の取り組みがうまく噛み合っている。それらのポイントは、人材の流動化を進めるだけでなく社会保障や再教育の機会を厚くしている点だ。日本はこうした流れとは逆に向かっている。特に問題なのは、日本政府が「働き方改革」と称して正社員化を進め、労働市場を固定化しようとしている点だ。

ドイツは労働組合による強い反発を受けながらも、シュレーダー氏は改革をやってのけた。北欧の場合もそうだが、各国の政府は非常に苦労して労働市場の柔軟化を行ってきたのだ。

今後、日本でもシュレーダー氏のように「スキルの不足した労働者の再教育は国の責任」と捉え、再雇用できるように叩き直す仕組みを構築できる政治家が出てくるだろうか（残念ながらほとんど絶望的だろう）。

日本企業も、二二〜二三歳の新卒人材を大量採用しているが、彼らが四〇代半ばになると、今からは予測もつかない世の中になることを認識すべきだ。そのときに若い彼らに活躍してもらえるように教育すべきで、それができないのであれば（高齢者の再教育は無理なので）、単に若い人材を囲い込みたいだけで採用を行う、というような無責任な発想をするべきではない。

図16　欧米でリカレント教育が広まった背景や社会制度

国・地域	「リカレント教育」を後押しする社会制度や背景
北欧	●教育改革（考える教育） ●労働市場改革（フレキシキュリティ） ●高福祉・高負担 ●ライフ・ワーク・バランス
ドイツ	●労働市場改革（シュレーダー改革） ●デュアルシステム ●インダストリー4.0政策
米国	●労働市場改革（レーガン改革） ●学び直しを行った人材や留学生を高く評価して採用する企業 ●大学や企業の研究水準が高い

日本が目指すべきリカレント教育の方向性

欧米型を導入できない、日本特有の背景

●日本で解雇規制緩和、失業保険改革をするには時間を要する

●欧米より「雇用の流動性」が低く、会社を休んで「学び直し」をするリスクが高い

●会社を休んで「学び直し」をしても、給料アップで雇うのではなく、「キャリアのブランク」と認識される

→ さらにデジタル・ディスラプション時代が到来 →

日本が目指すべきリカレント教育

●「シュレーダー改革」などで企業外に出した人材を「公的責任で再教育」し、「企業に再吸収」してもらう、という発想を、さらにAI、IoT、シンギュラリティ時代に焼き直しして取り入れることが必要

●仕事をやりながら学んでいく、仕事をやるからこそ、学ばなくてはいけないスキルが見えてくる。それを「働きながら補給してもらう」仕組みが必要

出所：BBT大学総合研究所

［第四章のキーワード］

ライフパズル

キャリアや育児等、人生において重要な要素をパズルのように構築していく考え方。スウェーデン版ワーク・ライフ・バランス。

H&M

スウェーデンのアパレルメーカー「エイチ・アンド・エム　ヘネス・アンド・マウリッツ」が展開するファッションブランド。いわゆるファストファッションをグローバルに展開している。

ＰＩＳＡ

経済協力開発機構（ＯＥＣＤ）による国際的な生徒の学習到達度調査の略称。義務教育終了段階にある一五歳の生徒を対象に、読解力や数学知識、科学知識、問題解決力を調査している。

ノキア

フィンランドに本社を置く電気通信機器メーカー。一時は携帯電話端末を主力とし世界最大のシェアを誇っていたが、スマートフォン化への対応の遅れから経営が悪化。現在は通信インフラの事業をメインとしている。

フレキシキュリティ

フレキシビリティ（柔軟性）とセキュリティ（安全性）の合成語。解雇規制の緩和等により雇用市場を流動化するとともに、失業手当の拡充等もセットで行う考え方。

アジェンダ二〇一〇

ドイツの第七代首相のゲアハルト・シュレーダー氏の政権が二〇〇三年に打ち出した改革プロジェクト。雇用改革と社会保障改革を柱とし、ドイツ経済復活のきっかけをつくり出した。

シーメンス

ドイツに本社を置く多国籍企業。電子機器等の製造から事業を開始し、現在は情報通信のほか、電力や医療、防衛など幅広い事業を展開している。近年はＩｏＴ分野にも注力し、ＩＢＭなどとの事業提携も発表された。

ファーウェイ・テクノロジーズ（華為技術）

一九八七年に設立された中国の深圳市に本社を置く通信機器メーカー。二〇一八年第二四半期のスマートフォンの出荷量がアップルを抜き世界二位になった。

第5章

「見える化」が日本人を伸ばす（図17）

ここまで日本が抱える政策面や教育面等における根深い問題を整理するとともに、先進的な海外の事例を紹介してきた。

私は「日本人が駄目」と言いたいのではない。日本人には高度経済成長期において発揮されたような優秀さがあり、これを今の時代にどのように適用していくかについて考える視点が欠けていると考えているのだ。

注目すべきは、「見える目標に対しては力を発揮できる」という日本人の気質である。海外で生まれたビジネスや技術をブラッシュアップさせ、マニュアルとして取り込み品質をさらに高める。こうして高品位・高品質の製品を量産することで、メイド・イン・ジャパンという世界的な地位（ブランド）を築いてきたのだ。

今でも日本人が活躍している分野を見ると、目標が可視化されている領域が目立つ。卓球の伊藤美誠、石川佳純、水谷隼、張本智和、などやフィギュアスケートの羽生結弦選手、紀平梨花選手、また、スキージャンプの高梨沙羅、小林陵侑、将棋の藤井聡太七段のように、順位を争う競技において日本人は圧倒的な強さを誇る。

芸術の領域においても、三一歳にして世界一のベルリン・フィルハーモニーで第一コンサー

図17 日本の「見える化」の現状と課題

日本の「見える化」の現状と課題	日本人が世界標準に達した「見える化」できている分野
●今の教育制度、産業界、学界で見える化ができていない ●「答えのない」時代において、「見える化」する努力が足りていない ●明治以来の弊害を理解する必要がある	●ここまで伸びるという「見える化」をすると日本人も伸びる ●スポーツ、音楽など「世界標準」が見えている分野に多い 卓球：伊藤 美誠（いとう みま） スケート：羽生 結弦、紀平 梨花（きひら りか） 将棋：藤井 聡太 音楽：樫本 大進、etc

「見える化」するための方法

「見える化」するための方法	見るべき国や地域
●よその国に行って見てくる ●どういう分野でどういう人が活躍しているか見てくる	●一番いいのは世界各地の教育の現状を見ること。米国、台湾、中国のハイテク都市、北欧が一番 ●自ら危機感を持って何年かかけて技術、ノウハウを身につける

トマスターとなり、活躍し続ける樫本大進のような人材もいるし、世界中のオーケストラの楽器奏者やピアノなどでは日本人の活躍がもはやニュースではなくなっている。変わったところでは国際的に有名なスイスのローザンヌ国際バレエコンクールでも日本人は常に上位を占めている。

日本人には目標に向かって努力する才能が元々備わっているが、現代のビジネスでそれらがうまく活用できていないのは、経済・経営の分野でデジタル・ディスラプションの時代に突入したのにアナログ時代の成功体験をひきずったままで、将来の目指すべき姿がまったく見えていないからだ。欧米にも解がなく、皆が模索している。二一世紀にはGAFAやBATHなどの巨大企業でも日々将来の姿を自問自答している。これから行くべき先や姿が見えている人（企業）などいないのだ。既存のビジネスや技術があっという間に淘汰される中、「ここを目指せば勝てる」という目標を見出すことは難しい。そういう意味では全ての人（企業）が横一線で模索しているのが現代の特徴なのだ。

日本にとって必要なのは、目指すビジョンを明確に「見える化」することだ。そのためには、積極的に現場に足を運んで「見る」しかない。

米国や台湾、中国のハイテク都市を訪れてみる、あるいは北欧で最先端の教育を見る。自分の関わる業界などで気になることがあれば、とにかく積極的に現地に足を運ぶことが必要なのだ。

自動車業界の先行きに不安があるのであれば、アウディの自動運転車を体感してみるのもいいし、ウェイモに関して全部データを集めてみる。そこから新しいビジネスにつながるアイデアや方向が生まれる可能性は大いにある。

年代によって異なる学び直すべきこと（図18）

経営トップが最も力を入れるべきは人事だ。人事分野に苦手意識を持っていたり、人事部長に任せきりにしたりするのは論外である。

ここからは日本におけるリカレント教育のモデルケースを示したい。

企業が社員に対してリカレント教育を施す場合、入社間もない二五歳のときに最初のリカレント教育を行い、三五歳、四五歳、五五歳と一〇年ごとに再度実施するケースが考えられる。

ここで重要なのは、年代や役職に応じて教育内容を変えるということだ。

ビジネスパーソンに必要なスキルを整理しておく。次の四つの要素をイメージしていただきたい。

・問題解決力（現場で求められる能力）
・ハードスキル（ＩＴ、ファイナンス、マーケティング、統計など）

図18　役職（年代）と求められる能力の割合

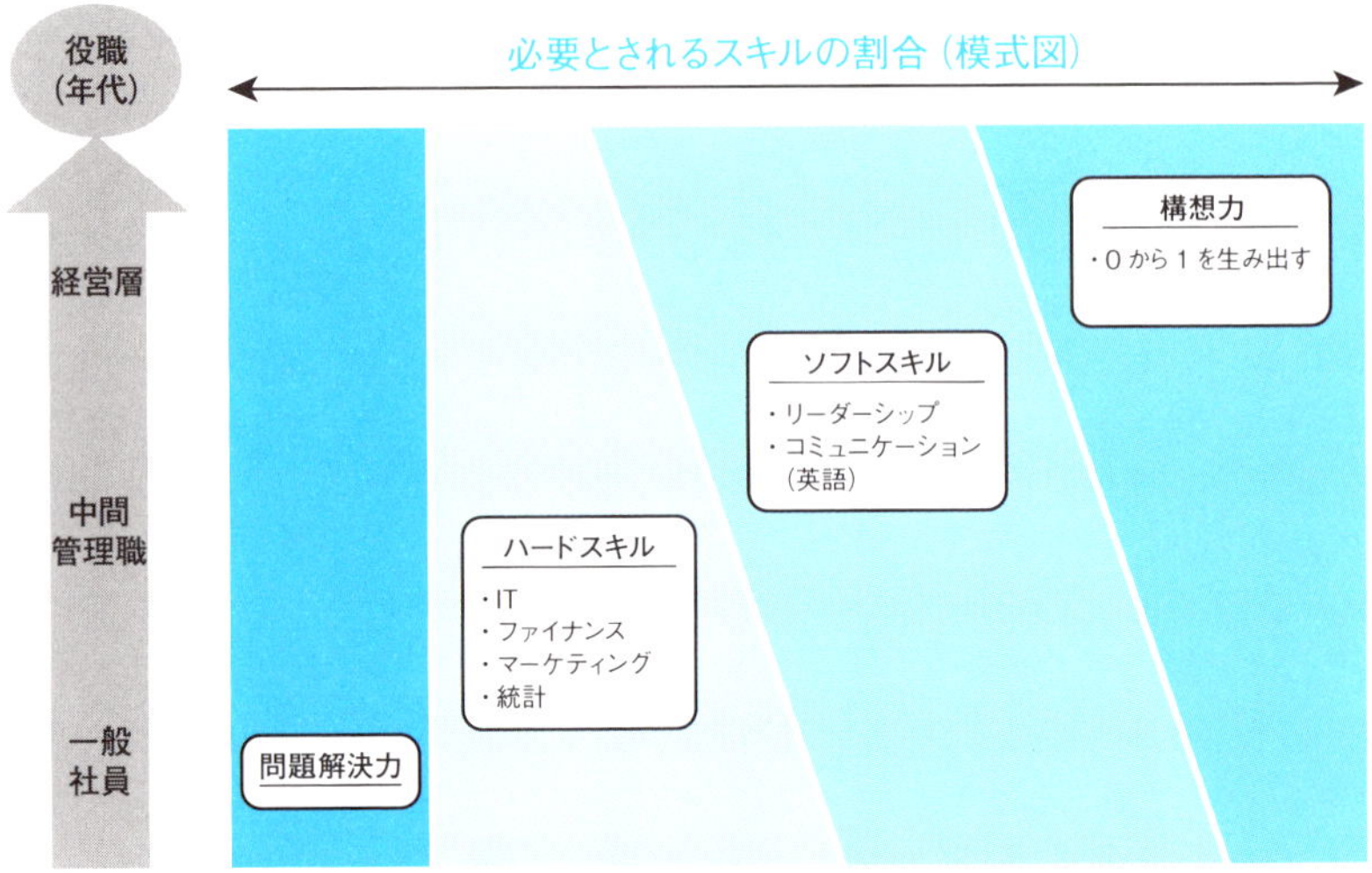

●それぞれの年代、それぞれの役職ごとに求められるスキルを学ぶ必要がある
●30代、40代、50代も再教育によってAIに負けない人材に変えていくべき

〔　AI時代を生き抜くために必要な能力　〕

AIでは代替できない能力	AIを味方にするための能力
●リーダーシップ（統率力）を磨く。そのためのEQ（心の知能指数）の向上 ●知識としての教養ではなく、実践的な教養	●自分の頭の中にある構想を「見える化」するために、システムの大枠を設計できる能力 ●簡単なレベルのプログラミング技術（なるべく若いうちから身につける）

出所：BBT大学総合研究所

・ソフトスキル（リーダーシップ、英語も含むコミュニケーションなど）
・構想力（〇から一を生み出す力）

あらゆる年代において必要なのは、「問題解決力」と「ソフトスキル」である。目の前のタスクを解決する能力やコミュニケーション能力は不可欠で、年齢や役職を問わず常にスキルを維持すべきだ。まずは新人の頃にきちんと問題解決力とソフトスキルを身につけておくことが肝要である。

ファーウェイの事例としても紹介したが、新人の教育係を担うべきは、「新人に最も近い社員」である。現場の仕事を経験し、かつ最先端のＩＴなどの知識を持つ先輩社員に、徹底的に問題解決力とソフトスキルを叩き込んでもらうのだ。

「ハードスキル」と「構想力」については、年代に応じて必要度が変わってくる。若い一般社員はＩＴやファイナンスといったハードスキルを押さえ、簡単なプログラミングの技術も身につけておく必要がある。

しかし、年齢を重ねると最先端のハードスキルにキャッチアップすることが難しくなるため、中間管理職から経営層に上がるにつれハードスキルは若い人に任せていくことが重要だ。そうして空いた時間を使って高めるべきなのが、「構想力」である。

「構想」を生み出す力

ビジネスにはコンセプトやビジョンが不可欠で、そこから戦略や事業計画を構築していく必要があるが、根幹をなすのが「構想」だ。ここでは、「構想＞コンセプト・ビジョン＞戦略＞事業計画」という図式が成り立つ。

自分の頭の中を「見える化」させシステムの大枠を設計するためには、構想力が求められる。その際問われるのがイマジネーションやインスピレーションだ。

「構想」は、そのままだと「自分の頭の中に描いた絵」に過ぎないので、イラストなどを用いて視覚化する技術も求められる。見えないものをイメージとして人に伝えることができれば、コンセプトやビジョンとして結実させ、事業へと発展させていくことができるからだ。

フィンランドのノキアを例にとろう。同社で構想力を発揮したのは、ヨルマ・オリラ元会長兼CEOだった。

ノキアは、ゴムの長靴やタイヤ、電子部品、紙を製造する小さな会社だったが、オリラ氏は「携帯電話を誰もが持つ時代がやってくる」という構想を持ち、倒産寸前だったノキア（前任者は自殺してしまった）を一挙に携帯電話会社へと転換させ、世界一の携帯電話メーカーへと変貌させたのだ。

先ほど説明したように、今はスマートフォン化が進みノキアの携帯電話事業は落ち込んでいるが、一九九八年から二〇一一年までの長い間、市場占有率および販売台数で世界トップであった事実は変わらない。オリラ氏の構想力がノキアを成長させ、さらにはフィンランド経済を押し上げたのだ。

構想力を発揮できる人が一人いるだけで、社会に大きなインパクトを与えることができる。こうした事例は枚挙に暇《いとま》がない。

「すべての机と、すべての家庭にコンピューターを」という構想を掲げ実現したマイクロソフトのビル・ゲイツ氏、親も子どもも夢中になれる場所をつくり上げたウォルト・ディズニー氏。日本においても、四歳児からの音楽に注力したヤマハの川上源一氏、本田技研工業の本田宗一郎氏、ソフトバンクの孫正義氏などが、目に見えない構想を目に見える形にしてきた。彼らのような構想力を持つ人を、リカレント教育により生み出すことはできるのだろうか。私はできると考えている。

育てるべきは「構想力」

日本人は、「〇から一」を考えることが苦手と言われるが、それは構想力が欠如しているからだ。「一を一・一」にする改善は得意だが、無から有を生み出そうとすると頭がフリーズしてしまう。改善自体は悪いことではない。改善に力を入れて世界トップになった日本企業もたくさんある。しかし、これからの時代は「〇から一」のビジネスを生み出すことができなければ生き残っていくことはできない。

日本の経営者によくある「とにかく利益を増やせ！」と号令をかけるだけで、構想もビジョンも示さない場合、部下は動きようがない。トップはまず自分自身で構想を描くべきで、構想なしに会社は前に進むことはできないのだ。

自動車業界では国内の自動車メーカーが、一を一・一、一・二にするべく努力を続けていた裏で、テスラのような新規プレイヤーが現れ、あっという間に存在感を示してきた。こうした変化は、今後あらゆる業界で起きてくるだろう。単なるネットの本屋と思われていたアマゾンが今や世界最大の小売業ウォールマートを脅かすまでになっている。しかし、アマゾンの創業者であるジョフ・ベゾスは、二〇年前の創業時から「世界最大の小売店になる」と宣言している。多くの人には見えていなかったが、彼はその構想に沿ってあらゆることを試行錯誤し、八〇以上もの企業を買収して今日の姿を築き上げている。

日本が生き残るためには、ビジネスパーソンが若いうちから徐々に構想力を身につけ、経営者として必要な素養を身につけなくてはならない。具体的には四〇代頃から構想力を使う仕事に自らを移行させていく必要がある。

日本人は決して構想力の素質がないわけではない。私のこれまでの経験からもかなりの人が構想力を身につけることができた。ただ、日本人特有の「答えをすぐに手に入れようとするクセ」がネックになっている。これも日本の学校教育の弊害だが、参考書を使うときに、後の方に出ている答えを見て問題解決に取り組むという悪いクセがついているため、まずは答えのない問題に慣れることが必要だ。

構想力をトレーニングするには、次の二つがポイントとなる。

① 構想は、コンセプトやビジョンよりもひとつ大きな概念である。
② 構想は、「見えないもの」を個人の頭の中で見えるようにすることである。

企業はこの二点を頭に置いて、社員教育を進めていくべきだ。そのときには知識だけをインプットしても仕方がない。社員にはある程度責任ある仕事を任せ、「思考のジャンプ＝イノベーション」の発想を行わせ、会社の進むべき道を自らつくり出すような経験を積ませなくてはならない。

「新省庁」を設置すべき（図19）

リカレント教育を実施する際、企業だけの努力では難しい。先ほど紹介した海外の事例を見ても、やはり政府のサポートが不可欠だ。

現在の日本の状況は、社会人教育に積極的に取り組む省庁が存在しないところに問題がある。教育の所轄官庁といえば文部科学省だが、力点を置くのは就職する前までの教育で、しかも文部科学省自体が時代の変化についていくことができていないのが致命的だ。

私は新たな省庁の設置をすべきと思っている。「アンチ文科省」のスタンスで本気でリカレント教育に取り組む役所だ。二一世紀の産業ニーズや企業ニーズを満たす人材養成を目的とする省庁であるという意味から、「人材企画・創出省」という名称はどうだろうか。

本気で現状を変えるためには、現在の経済産業省と文部科学省を統合するようなことを考えなくてはならない。当然職員には「国家百年の計」の思いを持ちフルタイムでしっかり働いてもらうことが前提となる。また、雇用や労働の所轄は現在厚生労働省が担っているが、健康や医療なども扱っていて、十分に機能していないので、私は同省を分割すべきと考える。

健康・医療を担当する「厚生省」と年金などシニアやリタイアを担当する「功労省」に分割した上で、リカレント教育に関連する機能は新たにできる「人材企画・創出省」に移管する。

図19　政府はどうするべきか？

「人材企画・創出省」に省庁再編	●21世紀の産業ニーズ・企業ニーズを満たす人材の養成を目的とする省庁を新たに設置 ・文科省に対して「アンチ文科省という位置づけとする」 ・厚労省は分割解体。厚生省、シニア・リタイア担当「功労省」、労働省（→新省に移管）に分割 ・経産省は、日本の産業が弱くなりやることがなくなったため発展的に解消し、産業の基礎である「人」を担当する新省へ移管する ●IT人材の育成など、各役所がバラバラに動くのではなく、責任者として一貫性を持って取り組む ●リタイア前の人材の「リカレント教育」に補助金をつけるだけの政策ではインパクトがない
教育機関の役割を再定義する	●義務教育を高校まで延長（無償化） ・高校卒業までに社会人として適応できる人間になれる教育カリキュラムを構築する ●大学・大学院修士課程（自己負担制） ・職業教育で「稼ぐ力」を養うところと定める ●大学院博士課程（一部補助） ・深い研究を行い国力を維持するために必要なものと定める。優秀な人は税金でバックアップ
日本版フレキシキュリティ	●「雇用流動化（解雇規制緩和）」を実施 ●解雇された人たちが、21世紀に食べていけるような新しい技術やスキルを身につけられる職業訓練制度＝「リカレント教育」システムを整える ●失業手当を手厚くした「セーフティネット」を準備しておく

出所：大前研一記事、各種記事をもとに作成

そうすることではじめて、日本政府が本気でリカレント教育に取り組む下地ができあがる。

ドイツの例に倣い、雇用流動化とセーフティネットのさらなる拡充を政府の仕事、と心得ることが重要である。企業が社員を解雇しやすくする環境を整えるとともに、解雇された人が二一世紀に食べていくことができるように、新しい技術やスキルを身につける教育システムを整え、失業手当も手厚くする。このようにすれば労働市場に好循環が起こってくるだろう。

ピラミッド型組織を刷新したシャープ

高度経済成長期から続けてきた年功序列のシステムの下では、年齢を重ねるに従い、「まとめ役」のようなやさしい仕事が増えていく。そのため、いわゆるメッセンジャーとしての仕事しか果たさない中間管理職で溢れ、それが成長の足を引っ張っている。

課長は係長の仕事を取りまとめ、係長は主任の仕事を取りまとめるといったようなことが延々と繰り返されたため、「使えない人材」が社内に増えてしまった。

メッセンジャー的な仕事は、テクノロジーで容易に置き換えることができるので、なくなっても経営にまったく影響はない。

中間管理職がお荷物という事実を、これ以上ない形で示した日本企業がある。シャープである。

二〇〇〇年代には液晶テレビ「ＡＱＵＯＳ」の人気も手伝って急拡大したシャープは、二〇〇八年秋のリーマンショックを受けて状況を一変させたが、亀山や堺の液晶パネル工場への過剰な設備投資や世界的不況を受け、年率三〇％もの液晶パネルの価格下落に見舞われた。

「亀山モデル」と打ち出していたブランドの価値は下落し、機能や品質でも他社との差別化が困難となったシャープは、大幅な赤字に転落してしまった。

このとき救済の手を差し伸べたのが、台湾の鴻海精密工業（以下「鴻海」）だ。鴻海は約三九〇〇〇億円の資本支援を実行し筆頭株主となった上で、シャープを鴻海の子会社として、経営再建に取り組むことを決めた。ここで、鴻海のテリー・ゴウ（郭台銘）会長からシャープ再建を託され送り込まれたのが、戴正呉氏だ。

戴社長は全社員に向けた就任メッセージで、「オリジナル」にこだわったシャープ創業者の早川徳次氏の創業精神や経営哲学に立ち返る重要性を強調しながらも、人事制度の抜本的な改革を宣言した。

具体的には、年齢や性別、国籍に関係なく、成果を出した社員には賞与や特別ボーナス、ストックオプションなどで報いるという、従来の年功序列のシステムを壊したのだ。

成果を出せない社員や年配社員にとっては非常にきついルールだが、結果としてシャープはV字回復を果たすことができた。二〇一七年三月期決算に営業利益は三年ぶりに黒字を達成し、二年も経たずに東証一部に復帰したのだ。

シャープの事例は、日本の伝統的な大企業でも、本当に改革する気になればできることを明確に示してくれた。やはり、日本的なピラミッド型組織とは、「さよなら」しなくてはならないのだ。

二〇世紀後半の日本は、驚異的な戦後の復興力により世界中から持ち上げられ、国家も企業も成功体験を積み重ねることができた。この成功体験をひきずったまま、二一世紀に足を踏み入れたが、二一世紀に過去の成功体験は通用しない。現代に対応するためには、血を流してでも自己を変革する必要があり、鴻海の力を借りたシャープの再生は、その最たる例となった。

伝統的な企業であっても、やり方さえ正しく行えば再生できる可能性がある。日本企業が復活を諦めるのは、まだ早すぎる。

三〇代の起業家を次々に輩出するリクルート（図20）

二一世紀の企業は、ビジネスパーソンがアップデートするための補給所（ＬＴＥ ＳＴＡＴＩＯＮ）であるべきだ。

ＬＴＥは、ライフタイムエンパワーメント（Life Time Empowerment）の略語で生活活力の源泉をイメージすると分かりやすい。リカレント教育とは、生活活力の源泉を補給することにほかならない。世界最先端の事例やテクノロジー動向の研究などを行い、社員が最先端のスキルを取り入れ能力開発できる仕組みをつくることが、これからの経営者と人事部の人にとって最も大切な仕事になっていくだろう。

たとえば、社内起業家（イントラプレナー）を育成するような仕組みをつくれば、既存事業と新規事業のシナジーも期待できる。日本では数少ないが、伝統的にイントラプレナーを生み出している企業も存在する。リクルートの事例を紹介したい。

図20　これまで：年齢とともに「やさしい仕事」が増える

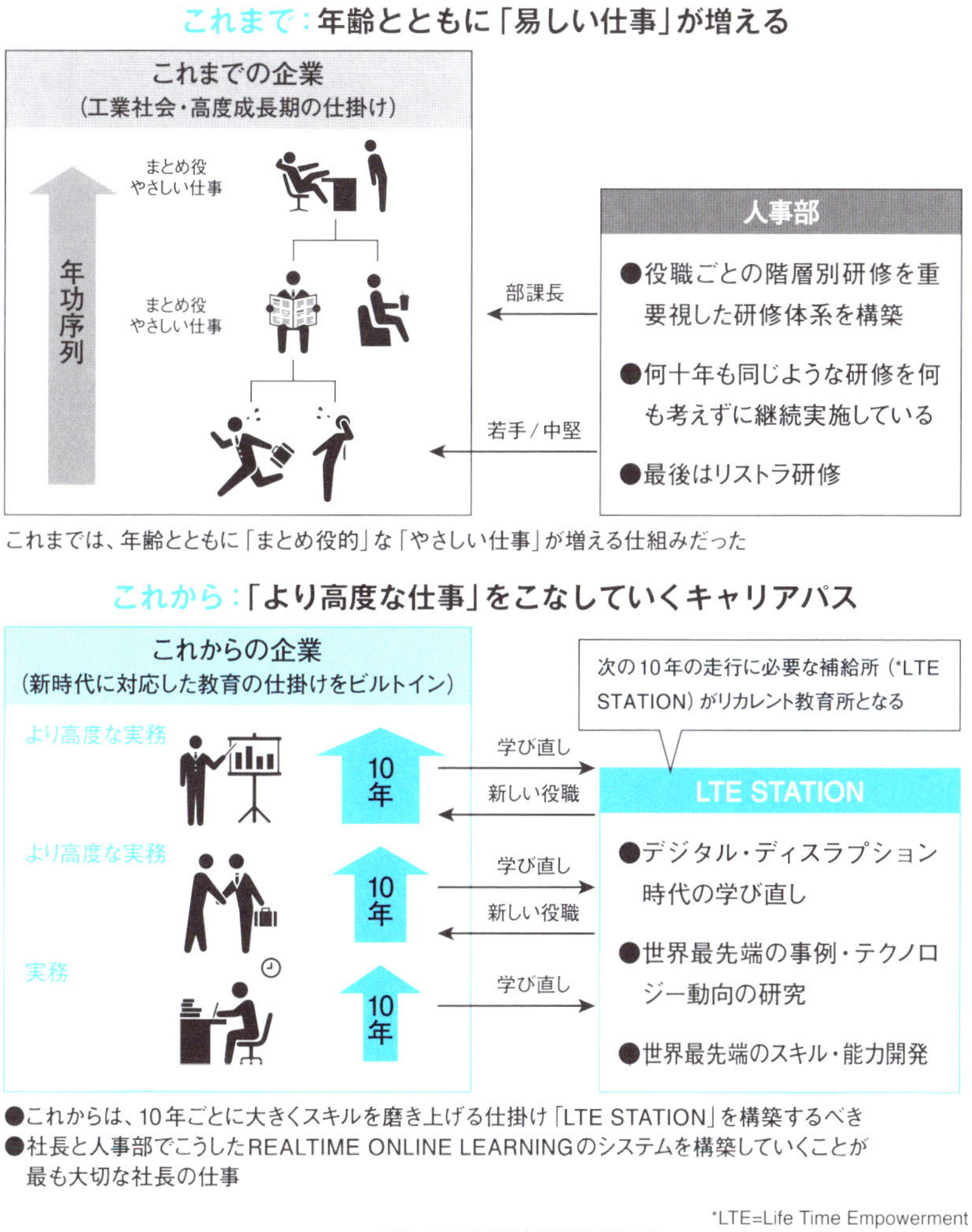

出所：BBT大学総合研究所

リクルートは、一九六〇年に江副浩正氏が大学新聞広告社の社名で創業し、その名のとおり学生に向けた求人情報誌にルーツがあるが、現在は情報産業の先端を走り続け、スタディサプリのような魅力的な新規事業を次々に生み出している。

同社の人事制度を最も特徴づけるのが、「三八歳定年制」だ。三八歳で強制的に退職とはならないが、三八歳までに辞めると最大一〇〇〇万円の退職金が支給されるため、この資金を元手に事業を起こす社員が続出するのだ。

現在、リクルートの三八歳定年制は入社後早々に退職金を設定する「ステップアップ支援金」と、三五歳以降三年ごとに一定金額の退職金を加算する「ニューフロンティア制度」によって支えられている。

ニューフロンティア制度による割増退職金は、三五歳と三八歳で七五〇万円、四一歳、四四歳、四七歳では一五〇〇万円に設定されていて、該当年齢になれば全社員が受給対象となる。これほどの待遇が整っていれば、将来起業を考えるイノベーティブな人材も魅力を感じ入社してくるだろう。

うまく事業転換できているリクルート

手厚い退職金に加え、トップに対して事業のプレゼンを行うチャンスを与えられるのも、起業志望者にとって大きなインセンティブとなる。

プレゼンがトップに認められれば、「それいいね。うちも資金提供するか」となり、支援を受けることもできる。実際、リクナビやR25、ゼクシィ、HOT PEPPERといった今のリクルートを支えるサービスも、こうした制度により生まれたものだ。

リクルートは生活のあらゆる面に関わる事業を展開しているので、同社と連携してビジネスを始めることができれば、一人で起業するよりもはるかに競争優位に立つことができる。

創業時の紙媒体のビジネスから、その後ネット関連の事業にうまく転換できたのは、こうしたリクルートの人事戦略によるところが大きい。創業者の江副氏の先見の明のおかげである。

リクルート出身の起業家は非常に多く、転職した人の多くもその後活躍している。企業文化に影響され、社員が自ら事業を起こす視点を若い頃から持っているからだろう。

普通の企業であれば重要かつ責任ある仕事を任されるのは、せいぜい入社二〇年後で、そうなると多くの社員は上から言われたことしか行わなくなる。

リクルートの場合、新卒入社後の約一五年間で自分が起業できるだけの実力をつけ、なおかつ事業のタネとなるアイデアをひねり出す意識を育んでいる。そのため、全員が入社するやいなや将来を見据えながら企業の中で爪を研ぎ、新しいことに挑戦する文化が生まれているのだ。

社内起業に必要な思考力は、意識的に鍛えることができる。多くのビジネスパーソンは二〇世紀型の頭のままなので、企業の将来図を考えさせると、どうしようもないプランを平気で持ってくる。それでも、半年ぐらいかけて私と議論を続けていくと、それまでとは全然違う案を考え出すようになる。やはり教育次第なのだ。

私が社内起業に最適と考えるのは、四〇代から五〇代くらいの世代である。この年代になると会社や営業での経験も十分にあるため、新しい発想を注入すると、実現性の高いプランを考えることができるからだ。

事業成長と人材成長を好循環させるサイバーエージェント

「アメーバブログ」や、インターネットテレビ局「ＡｂｅｍａＴＶ」などで知られるサイバーエージェントも、ユニークな人事制度で社員を育成している。オーソドックスな人事戦略を構築しながら、経営戦略に人事戦略を組み込むことで、若手の育成に役立てているのだ。

サイバーエージェントの成長戦略に「オーガニック・グロース」という仕組みがあり、新規事業のプランを数多く若手に立ち上げさせ、初めから事業撤退のルールも明確に決めている点に特徴がある。

新規事業がうまくいけば、資金や人材をさらに投入し、駄目なら撤退するのだ。ただし、失敗してもセカンドチャンスが与えられる仕組みにより、社員は事業をつくる勘所をつかむことができる。誰でもチャンスが与えられるため不公平感も解消できるなど、実に合理的な仕組みだ。

サイバーエージェントでは、取締役などの幹部が任期制になっていて、頻繁に入れ替わることも若手が成長する機会の増加につながっている。たとえば八人で構成される取締役会は「CA8」と称され、二年ごとに原則として二人を入れ替えるという特徴を持つ。

CA8に加えて執行役員クラス一〇人を合わせた「CA18」、さらに若手の有望株一八人を加えた「CA36」が設定されていて、若手社員に、経営に関わり決断する経験を積ませている（二〇一八年一〇月に「CA8」「CA18」については廃止された）。

挑戦する企業文化を育てる「新卒社長」

サイバーエージェントの特色は、「新卒社長」という人事制度にも表れている。

この制度は、名のとおり新卒入社後数年の社員に子会社の社長を任せてしまうもので、サイバーエージェントに入社する人であれば、誰もがチャンスを与えられ、新卒社長はすでに五〇人以上輩出されている。

内定を得た新卒者は、入社するまでの間に、「社長をやりたいですか？」と聞かれる。「やりたい」と答えると、子会社の社長を任せてもらえるのだ。

任される仕事は、サイバーエージェントから提示される場合もあれば、新卒者から「こういう仕事の社長をやりたい」と提案することも可能だ。

普通の会社であれば、いろいろな役職をローテーションして経験を積み、さまざまなスキルを身につけた上で社長に就任するが、新卒社長はそういったプロセスを一気に省いている。

社長のポジションは、通常ビジネスに関してだけでなく、人事やシステム、労務、経理といったさまざまな分野を勉強しないと務まらないため、新卒社長は人材の成長を非常に加速させる仕組みだと思う。

社員の挑戦を支援する人事戦略は、事業拡大に直接結びつく。サイバーエージェントは、本業のネット広告だけでなく、大小さまざまなビジネスを展開しているが、ここで力を発揮するのが、成長意欲の高い社員だ。

ライブストリーミング形式のインターネットテレビ局事業である「ＡｂｅｍａＴＶ」がいい例だ。ＡｂｅｍａＴＶはまだ黒字化できていないが、リスクを取って挑戦をしていること自体にサイバーエージェントのポテンシャルを感じる。

同社の藤田晋社長は、「決断を一人でも多くの人にしてもらいたい」と言っているが、この言葉を人事戦略に反映させる手腕は素晴らしい。

ただし、「サイバーエージェントは特別だからできる」と考えてはいけない。ある程度の規模の企業であれば、サイバーエージェントの手法は応用できる。

会社には、経理、購買、広報などいくつかの部署が存在する。この部門を分社化し若い人に社長を任せてみてはどうだろうか。そうすれば、業務の効率化につながり社外に展開できる新サービスが生まれる可能性も出てくる。

このように新規事業と本体事業でシナジーを生み出すことができれば、社員育成と事業成長の好循環が期待できる。社員育成だけ、あるいは事業成長だけ、と考えているのではもったいない。さまざまな形で人材育成のシナジーを生み出す方法を考えてほしい。

若手社員には徹底的な鍛錬を施す

最後に社員の育成について、「二〇代から三〇代」「四〇代から五〇代」「定年後（六〇代以降）」の三つのフェーズに分けて考えてみたい。

二〇代から始まる二〇年間は、その仕事に全力を注ぐ必要がある。若手社員の先輩を指導役につけ、実務を徹底的に覚えさせるとともに、サイバーエージェントの新卒社長制度のような仕組みをつくり、事業を生み出す視点を育てるのだ。

二〇代で入社した社員は、大学や大学院で教育を受けているだろうが今の大学の教育が変わらない限り、これからの時代を生きるビジネスパーソンとしては使い物にならない。大学で学んだことには期待を持たず、会社でしっかり再教育する決意が求められるのだ。

人材育成は三〇歳までが勝負だ。最も吸収力の高い二〇代という年齢を無駄にしないためにも、徹底した意識づけを行うべきである。

私がマッキンゼーにいた頃は、会社に入ってくる新卒者に対して、「三五歳までに社長になることができなければ、一生なれない」と毎日のように言っていた。

もちろん、三五歳を超えて社長になる人はいくらでもいるが、マッキンゼーに入ってくる人材は、二〇代にしてクライアントである経営者にアドバイスをしなくてはならないので、高い意識を持って仕事を行ってほしいという思いがあったのだ。

そのように毎日意識づけを行っていたせいか、実際に彼らは起業家としての素質を持つに至った。私の後輩には、ディー・エヌ・エーの南場智子氏や、エムスリーの谷村格氏、オイシックス・ラ・大地の高島宏平氏らがいて、若くして起業家として成功している。

こうした結果を生み出すことができたのは、徹底した意識づけにより、彼らの目標を「見える化」していたからだ。

私は、アタッカーズ・ビジネススクール（ABS）という起業家養成学校を二〇年にわたりやってきた。八〇〇〇人の卒業生がいて八〇〇もの会社を興している。上場企業も一二社出てきている。人は刺激と出会いでいろいろなきっかけを掴むのだという何よりの証拠なのではないだろうか。

「三〇歳を超えても成長できていない社員はどうすべきか」という質問については、二つの答えが考えられる。

ひとつは厳しく成果を問うて、強いプレッシャーをかける方法だ。いわば恐怖のどん底に突き落とすことで、本人の奮起を促すのだ。逆に金銭的にけた違いのインセンティブを与えるという方法もあるだろう。

三〇代までに徹底的に鍛え直さなければ四〇代からのキャリアを十分築くことはできないという認識を持ち、企業も社員も必死になりキャリア育成に取り組まなくてはならない。

「コア人材」と「ノンコア人材」を分けて育てる（図21）

三〇代までの訓練が終わると、その時点で経営幹部になりうる「コア人材」と、そうではな

図21　企業はどうするべきか？

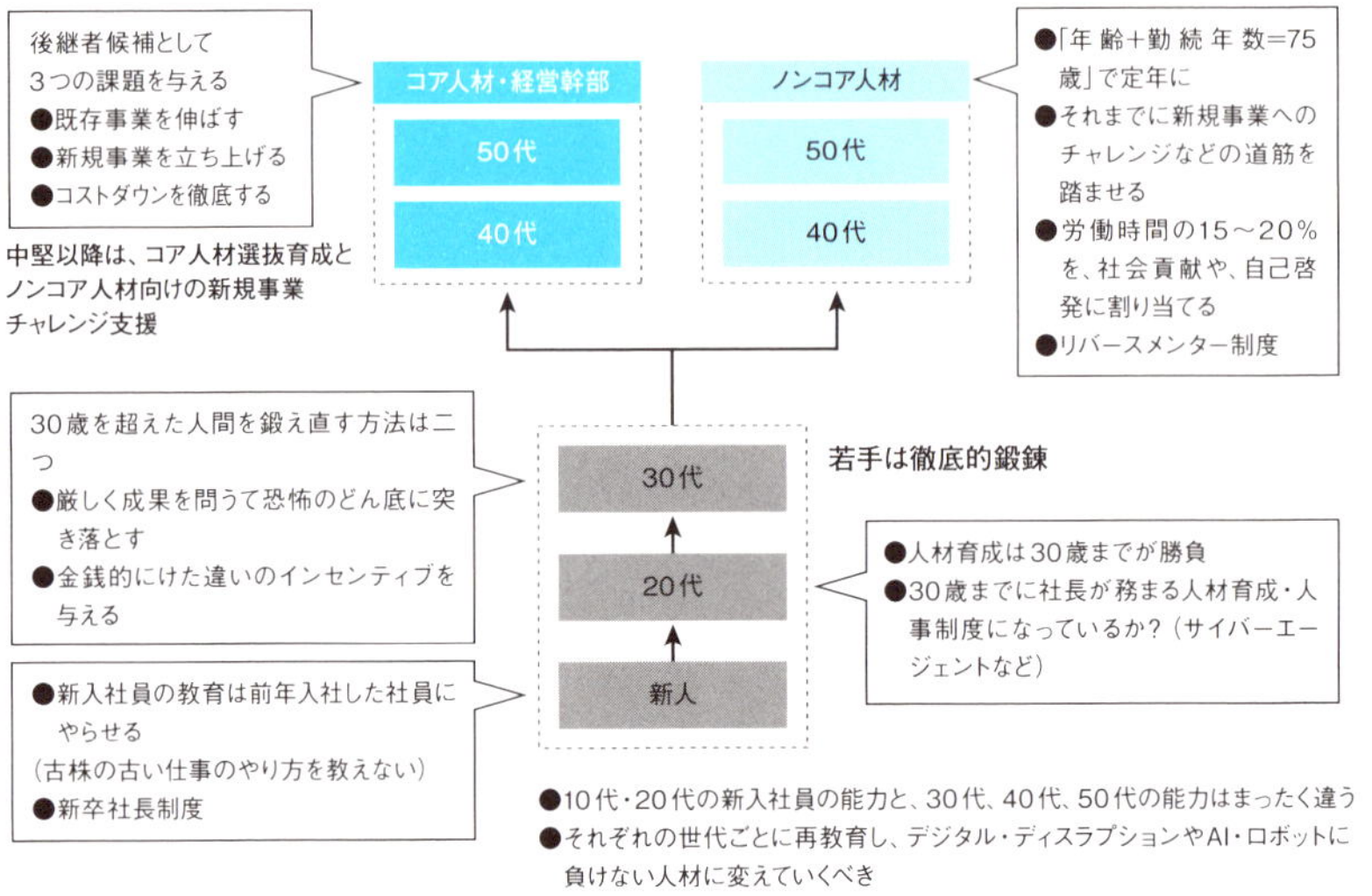

い「ノンコア人材」の振り分けもできる。経営をスリムにするには、コア人材を使いこなすことができる人材を育てるとともに、コア人材を除いては外部のプロフェッショナルを活用するなどして、「アウトソース化・自動化・省力化」を組み合わせる必要がある。

　コア人材の育成については、「既存事業を伸ばす」「新規事業を立ち上げる」「コストダウンを徹底する」の三つの課題を与えてみてはどうか。これらは会社の業績に直結するもので、コア人材が将来的に経営陣として真剣に取り組むべき課題だからだ。

　これらの仕事は、人によって得手不得手があり、新規事業を考えるのは得意でも、コストへの意識が希薄といったこともあるだろう。社員の性格（キャラクター）を押さえておくことは、将来的な人材配置にも役立つ。

一方、ノンコア人材については、会社の本来の業務ではないところで彼らの可能性を探らなくてはならない。

私が提案するのは「年齢＋勤続年数＝七五歳」をノンコア人材の定年と考えるルールだ。たとえば大学卒業後二三歳で入社した人は、四九歳のときに定年を迎えることになる。

その上で、定年までに新たな道筋を踏ませることが大切だ。たとえば新規事業へチャレンジさせたり、労働時間の一五～二〇％を社会貢献や自己啓発に割り当てさせたりといったサポートを行うのだ。

ＩＴなど新しいツールが不得手な社員には、リバースメンター制度も効果的だ。これは、若手社員が古株の社員に対してマンツーマンでＩＴツールなどの使い方を教えるというもので、資生堂でも二〇一七年一月にリバースメンター制度を全社展開し、成果を上げている。

コア人材にせよ、ノンコア人材にせよ、四〇代以降の二〇年間は、それまでに磨きをかけたスキルを活用する期間で、定年後の生業をつくる準備期間でもある。スキルや知識だけではなく、人脈形成も生涯現役を目指す上で欠かせないため、この点も意識しておきたい。

本気で仕事を合理化すれば、労働時間を三割程度減らしても成果を維持することができる。浮かせた時間で定年後の働き方を研究し、早くから実践・実証してみることが必要なのだ。

六〇代の学び直しは、生涯現役への架け橋（図22）

リカレント教育として最後のフェーズとなるのが六〇代だ。おそらく、今も多くの人が「六〇代以降＝老後」と考えているが、それは間違いだ。二〇四五年には人生一〇〇年時代が訪れる。

定年退職が六〇〜六五歳、死ぬのを早めに見積もって八〇〜八五歳としても、定年退職後の人生は二〇年もある。しかも、今後は年金の受給開始年齢の引き上げや支給額の減額など、社会保障費が削られるのが確実なため、蓄えだけではどう考えても足りないのだ。

資産に余裕がある人でも、日がな一日ゴロ寝をしてテレビを見たり、犬の散歩をしたりして老後を過ごすのであれば、〝生ける屍〟のようなものだ。定年退職した後は、むしろ「現役時代よりも加速する」という強いメンタリティを持ち、キャッシュを稼ぎながら人生を能動的に楽しむことを勧めたい。

具体的な方法は、拙著『50代からの「稼ぐ力」』（小学館）にて詳しく記しているが、リカレント教育が十分なされていれば、たとえ出世競争に敗れたサラリーマンでも、退職後に十分充実した人生を築くことができる。

現役時代に築いた人脈を頼りに起業してもいいし、定年後の時間にしっかりと学び直しをし

図22　個人はどうするべきか？

前半の20年（20～30代）

- 常にその仕事に全力を注ぐ
- 必ずその仕事について従来と異なるやり化を考える（○○テック、e営業など）
- 20年間とことん知識とノウハウを蓄えて「機能別スペシャリスト」となることを目指す

後半の20年（40～50代）

- 仕事のリストラと脳の筋トレに励む
- 前半の20年で磨きをかけたスキルを定年後の生業にして稼ぐ準備を進める
  - ・今の40～50代、サラリーマンは気楽な稼業。今のうちに３割さぼる
  - ・40歳を過ぎたら、サラリーマンの安定収入があるうちに「定年後も自力で稼ぐ方法」を研究・実践する
- 起業や副業のための新しいスキルを身につけ、勉強・人脈形成など20年後に起業できる能力を磨いておく

定年後（60代以降）

- もう○歳だからは禁句
- 2045年には「老後」がなくなる
- メンタルブロックにとらわれず日々新たな勉強を続けていれば、転職や副業はもちろんシニア起業も可能
- 学び直して新しいスキルを身につけ、「人生100年時代」を豊かで充実したものにする

出所：大前研一の記事をもとに作成

た上で新しい分野にチャレンジしてもいいだろう。まずは五〇代から定年後のビジョンを描き、いくつかチャレンジしてみることだ。五つチャレンジして四つ失敗したとしても、一つが軌道に乗れば定年後の糧を得ることができる。チャレンジなくして成功はありえない。

退職後の起業で東証一部上場

シンギュラリティが二〇四〇年に来たとして、その後活躍できるのは、若者よりむしろシニアなのではないかと私は考えている。六〇代を超える人に

は、若い人にはないビジネスの経験や人的ネットワーク、さらに若干の資金もあるだろう。これらを活用できるシニアは、ある意味若い人たちよりも有利だからだ。

日々新たな勉強を続けていれば、再就職や副業はもちろん、シニア起業も決して無理な話ではない。積極的に学ぶ姿勢を持っていれば、人生一〇〇年時代を豊かで充実したものにすることができるのだ。これは私の友人を見て実感するところだ。

パシフィックゴルフマネージメント最高顧問の廣瀬光雄氏と俳優の加山雄三氏がいい例だろう。彼らと行った鼎談が拙著『日本の論点2019〜20』（小社刊）の巻末に掲載されているので読んでいただきたいが、八〇歳以上の彼らのバイタリティにはいつも驚かされる。まず廣瀬氏から紹介したい。

廣瀬氏は大日本印刷アメリカ法人の社長やジョンソン・エンド・ジョンソン日本法人代表取締役社長を務めて一九九九年に退任した。その後、バブル崩壊後、日本のゴルフ場が次々とつぶれていく惨状を目の当たりにした廣瀬氏は、パシフィックゴルフマネージメントを創業し、いきなり一部上場した。

彼は倒産したゴルフ場を次々に買収し、二〇〇五年には東証一部上場を果たした。廣瀬氏の学生時代からの友人であるジャック・ニクラス氏による「ゴルフ場は束ねれば束ねるほど儲かる」というアドバイスを実践したのだが、このように六〇歳を過ぎても、大きなチャレンジは可能なのだ。

日本人の中高年の多くは「できるわけがない」「失敗する」「こうしなければならない」といった思い込みや固定観念を持っているが、これからは「もう○歳だから」などとは言ってはいられない。

加山雄三氏の胆力

加山雄三氏は、廣瀬氏と高校・大学の同期だ。一般的には俳優や歌手として知られている。しかし、そうした活動のかたわら、スキー場やホテルなどの事業も手がけてきた。実は事業に関しては相当苦労したが、本人はまったくめげていない。

加山氏が五九歳から始めたのが油絵だ。きっかけは孫に絵を教えたいからという動機だったが、今や年に一回は個展を開くほどの腕前である。

油絵のほか、陶芸や漆器などの作品も積極的に制作していて、そうした作品は売り出されればたちまち完売する。加山氏のように、六〇歳から未知の領域に進んで稼ぐという事例は、人生一〇〇年時代の格好のモデルである。

加山氏といえば、二〇一八年に所有するプレジャーボート「光進丸」が全焼した。

涙を流す場面がニュースに映し出され、さぞかし落ち込んでいるだろうと思い、私は「クラウドファンディング」により資金調達し、船を再建するプランを彼に提案した。「加山雄三と一緒に参加できる船ツアー」のようなものを企画して資金を募れば、五億円程度は集めることができるという思惑があった。

ところが、このアイデアを加山氏に話したときの反応には驚かされた。すでに光進丸に続く船の設計を進めていて、スポンサーまで見つけ資金が集まっているというのだ。新たな船は、燃料を使わず、風と太陽の力を動力とするもので、加山氏は「これで世界一周をしたい」と語っていた。

泣いていたのは、火事で光進丸が焼けて迷惑をかけた人たちのことを思ったためで、本人はまったくめげていなかったというわけだ。あらためて加山雄三という人の強さを感じた。

加山氏も廣瀬氏も、六〇歳を過ぎても学び直しを続け、実際に稼ぎを得ている。廣瀬氏は、「歳をとっても勉強することは楽しい」と話していたが、こうした好奇心を原動力にして、現役時代に培った「稼ぐ力」を活用すれば、人生一〇〇年時代も決して怖いものではない。最期の瞬間まで学び続け、「やってやるぞ」という気概だけは失うべきではない。

リカレント教育をしっかり自分のものにすることができれば、攻めの老後を過ごすことも不可能ではない。一人でも多くの読者がリカレント教育の重要性を認識し、希望に満ちた人生を送ることを強く願っている。

［第五章のキーワード］

鴻海

一九七四年に設立された電子機器メーカー。台湾に本社を置く世界最大手の電子機器の受託製造企業である。アップルやソフトバンクなど、世界の大手企業からスマートフォンなどの生産を請け負っている。

38年定年制

リクルートが採用している人事制度。38歳退職時に「ステップアップ支援金」を社員に支給し、独立・起業を促している。

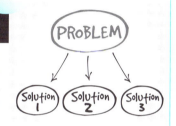

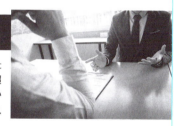

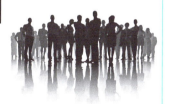

大前研一
稼ぐ力をつける「リカレント教育」
誰にも頼れない時代に
就職してから学び直すべき4つの力

2019年6月15日　第1刷発行

著　者　大前研一
発行者　長坂嘉昭
発行所　株式会社プレジデント社
〒102-8641 東京都千代田区平河町2-16-1
平河町森タワー 13F
https://president.jp
電話　編集(03) 3237-3732
　　　販売(03) 3237-3731
編集協力　政元竜彦　木村博之
構　成　小林義崇
編　集　渡邉 崇
販　売　桂木栄一　高橋 徹　川井田美景　森田 巌　末吉秀樹
装　丁　秦 浩司(hatagram)
制　作　関 結香
印刷・製本　図書印刷株式会社

ISBN978-4-8334-2322-9
Printed in Japan